Dietmar
Odilo Paul
Menschliches und Philosophisches

Dietmar
Odilo Paul

Menschliches und Philosophisches

oder Der nächste Untergang der Welt

Universitas

© 1992 by Universitas Verlag in
F. A. Herbig Verlagsbuchhandlung GmbH, München
Alle Rechte vorbehalten
Lektorat: Literatur-Agentur Axel Poldner, München
Schutzumschlag: Wolfgang Heinzel
Satz: Fotosatz Völkl, Puchheim
Druck: Jos. C. Huber KG, Dießen
Binden: Thomas-Buchbinderei, Augsburg
Printed in Germany
ISBN: 3-8004-1260-8

INHALT

Vorwort 7
Über den nächsten Untergang der Welt 9
Vom Nutzen der Habsucht 68
Über das Neue 72
Vom Mann zum Weib 78
Über das Befehlen 85
Über den Zweifel 87
Über den Vorteil, die Idee des Guten zu kennen . . . 103
Zuviel Lobes nutzt sich ab 105
Über die Heilkraft 107
Über die Mühe 109
Über Freiheit und Notwendigkeit 110
Über die Glaubwürdigkeit des Weisen 116
Die wuchernde Wissenschaft 120
Über literarischen Unterricht 151
Über Begriffe und Definitionen 154
Gedanken oder Gefühl in der Kunst 156
Über Bilder 157
Streit der Philosophen 160
Über die Treue 201

Vorwort

Lange schon will mir scheinen, es sei während der letzten hundert Jahre etwas Düsteres und Dumpfes in unseren Geist gezogen, etwas, das den Menschen kleiner, seine Leistungen und Ziele unwürdiger erscheinen läßt als nötig. Könnte mein Büchlein als frischer Wind diese Wolken ein wenig zerstreuen, eine Brise neuen Mutes, neuer Selbstachtung in die gedrückten Lande wehen, so hätte es eine hauptsächliche Aufgabe durchaus erfüllt. Im besonderen trage ich daher Hoffnung, mancher werde hier etwas finden, nach dem er anderswo vergeblich gesucht, und könne nun, was er bereits auf unsichere und unbestimmte Weise empfunden, auf festerem Boden und mit Recht zu denken beginnen.

Den allgemeineren Grund zu diesen Blättern gab mir die Philosophie selbst, welche aufs neue zu betreiben immer Vergnügen und Gewinn verspricht, auch wenn Plato bereits das Wesentliche gesagt und eine bessere Wahrheit als die seine nicht zu finden ist. In der Kunst scheint jedem selbstverständlich, daß die Werke vergehen: Sie sind an die Materie gebunden, welche zerfällt. Die literarischen zerfallen selbst zwar nicht, statt ihrer jedoch das Verständnis des Publikums – zu sehr ist jeder mit seiner Gegenwart verwachsen, zu wenig kann er deswegen von den alten Schriftstellern profitieren. Daher müssen die großen alten Gedanken stets neu gefaßt werden und außerdem neue, zeitbezogene Gesichtspunkte der Wahrheit gefunden, um in der Gegenwart bestehen zu können. Nicht die Alten zu übertreffen, die Unerreichbaren, müssen wir uns bemühen, sondern um etwas von ihrer Größe und Klarheit, mit der sie ihr Zeitalter überstrahlen konnten, auf das unsere scheinen zu lassen.

Da ich dies kleine Werk nun von mir lasse, einen weiteren Kreis von Freunden aufzusuchen, mögen wenige Worte nicht unnötig angelegt sein, für seine Fehler und Schwächen im voraus Nachsicht zu erbitten. Nachsicht vor allem, weil bereits Ahnung auf mich kommt, den Geschmack des heutigen Lesers nicht durchgehend zu treffen – und Verzeihung, falls dieses auf zu rohe, den Unwillen erzeugende Art geschehen. Man denke jedoch eher, ich hätte mich im Übermut verloren, als daß man eine schlechte Absicht suche. Überdies halte man sich im Gemüt die Auffassung, es sei die Philosophie zwar die ernsthafteste aller menschlichen Beschäftigungen, sie müsse aber deswegen nicht ganz ohne Heiterkeit betrieben und betrachtet werden.

Über den nächsten Untergang der Welt

Παντα γαρ το πυρ επελθον
κρινει και καταληψεται

Das Feuer wird kommen, alles
zu scheiden und zu ergreifen

Heraklit

Als König Xerxes die Griechen unterwerfen wollte, zog er die Völker aus allen Teilen seines endlosen Reiches zusammen und machte sich auf in den Westen, mit dem Vorsatz, nicht eher zu ruhn, als bis die Sonne hinter keinem fremden Land mehr unterginge. Er hatte keinen Grund, den Erfolg seiner Unternehmung in Frage zu stellen. Seine Heerscharen und seine Flotte waren so unermeßlich groß, wollte man das Häuflein der griechischen Einzelgänger dagegenhalten, daß es schien, hier müsse beinah im voraus schon das Schicksal bezwungen sein, indem doch dieser Klarheit der Verhältnisse nichts entgegenzustellen war. So wie der Wissenschaftler oft einen Vorgang als unausweichlich vorhersagt, nachdem er Naturgesetze und Umstände in seine Rechnung gezogen – gelegentlich aber feststellen muß, daß der Wirklichkeit noch andere Türen offenstehen als die, die er zu überblicken vermochte. Den Griechen mußte ihr restloses Verderben besiegelt sein, wollten sie sich nicht dem Perser unterwerfen. Ein Römer, zum Tarpejischen Felsen geführt, konnte nicht weniger Anlaß zur Hoffnung haben. Mit Xerxes zogen mehr als fünf Millionen – ein Heerzug, der sich denen unserer Zeit durchaus zur Seite stellen darf. Wo er erschien, versiegten die Flüsse,

Land und Städte wurden kahlgeschoren wie beim Durchzug der Heuschrecken in Afrika.

Und die Griechen stritten, wie immer, untereinander: um Perserfreundlichkeit, Oberbefehl und einheimische Feste, vor deren Ende man, der Sitte wegen, nicht in die Schlacht ziehen konnte. Zur Bannung ihrer Furcht und zur Anfeuerung ihres Mutes aber redeten sie sich zu: »Wir haben nichts zu fürchten! Kein Gott greift uns an, sondern ein Mensch. Keinem Sterblichen ist mit dem Glück nicht auch Unglück in die Wiege gelegt, und den Großen trifft das größte. So wird auch der Feind zuschanden werden, denn auch er ist ein Sterblicher.« Die Athener versicherten den um ihre Treue besorgten Spartanern: »Nirgend in der Welt gibt es so viel Gold, nirgend ein so schönes fruchtbares Land, daß wir um dessentwillen persisch werden und Hellas in die Sklaverei bringen würden.« Als die dreihundert Spartaner den Engpaß der Thermopylen besetzt hielten und das persische Heer anrückte, wollte ein Herold der Feinde sie einschüchtern: »Wenn unsre Bogenschützen ihre Pfeile abschießen, verdunkelt sich die Sonne, so groß ist ihre Zahl.« »Um so besser«, sagte der Spartaner Dienekes, »dann kämpfen wir im Schatten.« Sie vermochten dem Perser zwei Tage lang standzuhalten und ihm den Durchgang zu wehren. Dann wurden sie verraten, und obwohl die Möglichkeit zur Flucht bestand, kämpften sie, bis keinem mehr ein Tropfen Blut in den Adern floß. Als Lukides im Rat der Athener auf das Angebot des persischen Heerführers Mardonios zur Kollaboration eingehen wollte, wurde er gesteinigt; die athenischen Frauen taten darauf dasselbe mit seinem Weib und seinen Kindern. Themistokles ließ den Dolmetscher der persischen Gesandtschaft festnehmen und hinrichten, weil er gewagt hatte, die griechische Sprache für so schmähliche Forderungen des Perserkönigs zu mißbrauchen. Als Euribiades, Führer der hellenischen Flotte, zögerte, die Schlacht zu beginnen, sagte er zum stürmischen Themistokles: Wenn die Wettkämpfer zu früh starten, bekommen sie doch auch Stockhiebe. Das ist wahr, erwiderte Themistokles, aber wenn zu spät, erringen sie keinen Siegeskranz.

Dann die Schlacht bei Salamis: Die Griechen waren von ihren Feinden umringt, ohne einen Fluchtweg, sie mußten kämpfen oder sterben oder beides – eine Lage, die oft Tiere wie Menschen mit übernatürlichen Kräften und ebensolchem Mut beseeligt. Acerima virtus est, quam ultima necessitas extundit, meint auch Seneca. Die persische Übermacht konnte aus Mangel an Raum gegen die wenigen Griechen gar nicht zum Einsatz kommen und stand sich schließlich selbst im Wege, indem die fliehenden Schiffe von vorne mit den vordrängenden von hinten zusammenstießen. Was menschliche Berechnung nicht für möglich hielt, die Perser wurden geschlagen, und Xerxes mußte weinend das Unmögliche mitansehen. Er zog zurück nach Asien, und den Teil seines Landheeres, den er zurückließ, besiegten die Griechen im folgenden Jahr bei Plataiai.

2

So muß man sich oft wundern, wie Staatsgefüge, auf die man wegen Morschheit, innerer Unruhen oder äußerer Bedrohung keinen Groschen mehr setzen wollte, auf unerdenkliche Weisen erhalten bleiben, ja sich an den Gefahren gesund reiben und groß werden. La conservation des états est chose qui vraisemblablement surpasse notre intelligence – sagt Montaigne. Andere, die man für unerschütterlich hielt, Verkörperungen göttlicher Allmacht und Ewigkeit, fielen an einem Tage. »Das scheinbar kränkste Volk kann der Gesundheit nahe sein, und ein scheinbar gesundes kann einen mächtig entwickelten Todeskeim in sich bergen, den erst die Gefahr an den Tag bringt«, sagt Jakob Burckhardt in seinen Betrachtungen über die Zeit der Renaissance in Italien. Trotzdem muß man staunen, wieviel, bei aller Zerstörung, jedesmal in die neue Epoche sich rettet und erhalten bleibt. Ein Staat versinkt nicht restlos im Staub und der Asche einer Katastrophe; unter den Trümmern schwelt meist noch eine Glut. Müßte Europa nicht längst zur ödesten Wüste verkommen sein, bei all den Schlägen, Seuchen und Brandschatzungen, die es vom Schicksal und aus eigener Hand schon hat erdulden müssen? Aber immer wieder wucherten aus der Asche neues Leben und neue Kraft hervor, und gerade die Deutschen zeigen gern, wie die neue Vegetation gerade aus dieser Asche ihren Dung bezieht und die abgebrannte Erde aus dem Inferno fruchtbarer, im Guten wie im Bösen, heraustritt, als sie hineinging. Welch buntes Leben und Wirken ist hier nicht erblüht in einem Garten von Rauchschwaden, Scherben und Verzweiflung.

> Des Landes tiefe Wunden werden heilen,
> Die Dörfer, die verwüsteten, die Städte
> Aus ihrem Schutt sich prangender erheben,
> Die Felder decken sich mit neuem Grün,

lesen wir in Schillers Jungfrau von Orleans. Auch die Athener fanden im großen Perserkrieg die Wurzeln ihrer folgenden Herrlichkeit, obwohl das Land verheert und die Stadt verbrannt war. Aber von solchen Früchten konnten sie nichts ahnen; sie standen in Gefahr, von der Übermacht restlos ausgetilgt zu werden. Dennoch ließen sie sich nicht irremachen, sondern hielten tapfer, trotzig und naiv zu ihrer bisherigen Lebensweise, die sie nun mal mit keinem persischen Reichtum vertauschen wollten. Dabei könnte niemand sagen, die Griechen würden unter einer Herrschaft des Xerxes mit Bestimmtheit schlechter gelebt haben. Viel Mühe und Leid im Krieg gegen die Perser und später gegen sich selbst wäre ihnen vielleicht erspart geblieben, und wer mag letztlich beurteilen, ob die persische Kultur eine schlechtere war oder weniger geeignet, zur Blüte gebracht zu werden. Nur kümmerte das die Griechen wenig. Der Gedanke, ihre eigene Kultur preiszugeben, schreckte sie mehr als die Vorstellung, sie könne samt ihnen von einer höheren oder größeren Macht vernichtet werden. Sie wollten ihren eigenen Weg gehen oder keinen. Aus der pragmatischen Sicht des Lebens nennt man das Dummheit, aus der ideellen Größe. Für irgend eigenartige Ideale wie Freiheit und Selbstbestimmung – ohnehin fast Wahngebilde, weil der Unterschied nicht so groß sein mag, ob man nun griechischen Gesetzen, Herren und sonstigen Machthabern zu gehorchen hat oder persischen; irgendwelche Gewalten stehen über jedem, immer und überall:

> Sie streiten sich, so heißt's, um Freiheitsrechte:
> Genau besehn, sind's Knechte gegen Knechte.

Für solche Ideale also, welche in einem Jahrhundert Mode, in einem anderen wieder vergessen sind und die schon von mehr als einem Philosophen in Frage gestellt wurden, waren sie bereit, das Martyrium zu versuchen. Was ich dabei bewundere und mit der höchsten Anteilnahme und Achtung verehre, ist nicht dies eine oder andere Ideal; vielmehr, daß sie überhaupt etwas in sich trugen, was um keinen irdischen, vergänglichen Preis ihnen abzukaufen war. Etwas, das ihnen mehr bedeutete als alles Geld und jeder Luxus, als das Leben selbst, und nicht nur des einzelnen, sondern ihres ganzen Volkes, und somit auch mehr als aller Ruhm der Nachwelt. Leichtsinn, Übermut, Sturheit, Stolz sind andere Bezeichnungen dafür, in denen auch Wahrheit liegen mag; ich will sie nicht ausschließen, aber doch anderen zu ihrer Beurteilung der Sache überlassen. Mir sind dafür Worte wie Seelengröße lieber und Reichtum – höchster, ja absoluter Reichtum –, denn wo wäre Reichtum vollkommener, als wo ihn nicht Tod und nicht Vergänglichkeit uns nehmen kann.

3

Philosophen reden gerne über den Tod. Dabei betrachten sie immer das Individuum in seiner Vergänglichkeit, nie die Gattung. Sie haben recht, denn wie oft zeigt uns die Erfahrung schon, daß eine Gattung ausstirbt, und wie unmöglich erst, dies an der eigenen zu erfahren. Ein paar fossile Gerippe bestenfalls geben uns Zeugnis und selten gewordene Tierarten unserer Zeit eine Ahnung. Ursprung und Untergang der Welt oder der Menschheit sind Gegenstände müßiger Wissenschaftler und Mystiker, sie lohnen nicht dem Philosophen, der sich um das Leben und die Wirklichkeit bekümmert. Was liegt ihm am Einzelfall, er sucht das Allgemeine, das Prinzip. Geburt und Tod des Individuums sieht er tagtäglich überall, der Menschheit nie und nirgends. Das eine scheint ihm Regel und Gesetz, das andere die einmalige, nie wiederkehrende Ausnahme, die obendrein ausschließlich in der Phantasie stattfindet. Und doch spukt diese Ausnahme seit Menschendenken in unseren Gemütern. Hier ist dieser Spuk sehr wohl etwas immer Wiederkehrendes, eine Regelmäßigkeit, und mag daher wenigstens eines vorübergehenden Nachdenkens wert sein. Wird ja sonst hierzu kaum etwas Schlaueres gesagt, als daß es wohl doch einmal so kommen müsse, wenn die Welt nicht endlich besser werde. Und doch ist das eine so schlecht vorzustellen wie das andere. Es ist, als läge im schönsten Frühling ein leiser Duft von Gewitter im Raum, das jeder heimlich fürchtet und keiner richtig glaubt. In dieser trüben, unerforschten Gegend kann ich nicht viel Unheil anrichten, wenn ich guten Mutes drauflosgehe. Freilich wird mir nicht recht gelingen, in der universalen Vision viel anderes aufzuspüren, als ich, mit Hilfe der Philosophen, schon bei Betrachtung meines eigenen vergleichsweise bescheidenen Todes gefunden habe. Doch warum das Ungeheuerlichere suchen, wenn das Ungeheuerliche uns so nahe ist. Was kann es schaden, der Phantasie vom Weltuntergang etwas von ihrem Schrecken und vielleicht auch von ihrer Ernsthaftigkeit abzufeilschen? Ich mache den Bauern nicht ärmer, wenn ich ihn um ein Stück Felshang prelle, den er sich bisher in müßigen Stunden zugute hielt, und statt dessen antreibe, die fruchtbaren Teile seines Landes mit mehr Kraft und Sorgfalt zu bestellen. Ich bleibe also den Philosophen treu und will nicht mehr tun, als, was sie für den Teil leisteten, aufs Ganze zu übertragen: Am Ende bleibt uns immer nur die Frage nach dem Tod – und der kommt stets gleich stumm und taub daher. Den einen mag diese Ernüchterung beruhigen, und er schöpft Zuversicht, von mir nicht nur in die Zügel geschossene Sibyllen hören zu müssen – davon tönt die übrige Welt jetzt laut genug –, der andere ist enttäuscht, weil er für solch gewaltigen, der einfachen Philosophie unerhörten Gegenstand auch eine unerhörte, alle früheren Schranken sprengende Behandlung erwartet. Er gehe zu unseren Zukunftsdichtern und -denkern; ich verstehe mich nicht auf Vogelflug, mir sind die einfachsten, gebräuchlichsten, gewohntesten Erklärungen stets die liebsten, ich vertraue ihrer langen Tradition mehr als dem findigen Witz eines Zeitgenossen, ich glaube nicht an krumme Räume, und die Zeit dilettiert mir nirgendwo so gut wie in der Hervorbringung des Menschengeschlechts.

4

Woher diese Schwüle, diese dumpfe Ahnung des großen Gewitters? Wohl keine Erfindung unsrer unheilvollen Zeit, in der höchstens die Palette der Phantasie um einige Farben bereichert wurde, sich den Ausbruch des letzten Sturmes mit gehöriger Prächtigkeit auszumalen. Seit unsre Gattung besteht, ging in Wahrheit noch kein Tag vorüber, an dem sie nicht die beste Chance gehabt hätte, wieder auszusterben. Hat ja andere Tierarten dieses Schicksal ereilt und scheint es noch zu tun. Warum sollten wir ihnen darin nachstehen. Klugheit und Vernunft waren es gewiß nicht, die uns bislang vor dem Ende bewahrten, denn diese tragen Nutzen und Schaden, Glück und Leid immer in gleichen Teilen bei sich. Keine ruhige Stunde hätte die Menschheit bis jetzt leben können, nähme sie sich ihre bedrohte Lage gehörig zu Herzen. Was ist der Natur eine globale Seuche, was dem Universum eine Explosion, eine Kollision zweier Gestirne. Hat Gott nicht endlose Mittel, seine Zwecke zu erreichen, das Prinzip der Welt, den ewigen Fluß, das Auf- und Untergehen aller Kreaturen zu erhalten? Muß er warten, bis wir das Pulver und noch Schlaueres erfinden, wenn er dieses Geschlecht von seiner großen Bühne abberufen will? Er hat die Spielarten des Todes erweitert, indem er uns die Möglichkeit gab, uns selbst zu töten und auch auszurotten. Daraus aber zu schließen, Leben und Sterben läge fortan in unsrer Macht, wäre mehr als vermessen. Weil der Tod sich unsre Hände zum Werkzeug macht, wird er deswegen nicht höflicher fragen, ob er kommen darf. All dies ist uns sehr wohl bewußt und als Ahnung einer allumfassenden Vergänglichkeit tief in die Seele gegraben. Kein Volk und keine Zeit wird sich davon lösen. Wie die Mutter aber dem Kinde einmal eine schöne Belohnung verspricht, einmal ihm mit Strafen droht, um auf sein Wohlverhalten zu zielen, so auch die Propheten und Erzieher des Menschengeschlechts. Der Mensch will immer von Angst getrieben wie von versprechender Aussicht angezogen sein. Ohne diesen abstoßenden und diesen anziehenden Pol findet er nicht leicht seine Richtung und kann sich nicht geradehalten. Immer wieder erscheinen nun außerordentliche Menschen, welche aus einer übermächtigen Vision des vergänglichen Wesens aller Dinge oder aus vermeintlicher pädagogischer Notwendigkeit der Welt ihren baldigen Untergang verkünden. In Ägypten, in Babylon, im Abendland ergossen Priester, Sibyllen und Propheten den Strom ihrer Drohungen und Verwünschungen über die Völker und Herrscher. Nach diesen Reden muß jeder den Buckel krümmen, mit beklemmtem Herzen und schlechtem Gewissen, aus Angst vor der nahenden Katastrophe, die zur Rache seines schlechten Lebens herniederdonnern werde.

Welche Fabelwesen und Naturgewalten wurden hierzu noch nicht in Anspruch genommen? Ein unfreundliches und wenig Zuversicht erweckendes Bild unseres Schöpfers finden wir in den Worten des Propheten Zefanja, welche als ausführliches Zeugnis verdienen, an dieser Stelle wiedergegeben zu werden: »Ich will alles vom Erdboden wegraffen; ich will zu Fall bringen die Gottlosen, ja, ich will die Menschen ausrotten vom Erdboden, spricht der Herr. Ich will meine Hand ausstrecken gegen Juda und gegen alle, die in Jerusalem wohnen, und will ausrotten von dieser Stätte, was vom Baal noch übrig ist, dazu den Namen der Götzenpfaffen und Priester und die auf den Dächern anbeten des Himmels Herrn, die es anbeten und schwören doch bei dem Herrn und zugleich bei Milkom und die vom Herrn abfallen und die nach dem Herrn nichts fragen und ihn nicht achten. Seid stille vor Gott dem Herrn, denn des Herrn Tag ist nahe; denn der Herr hat ein Schlachtopfer zubereitet und seine Gäste dazu geladen. Und am Tage des Schlachtopfers des Herrn will ich heimsuchen die Oberen und die Söhne des Königs und alle, die ein fremdländisches Gewand tragen. Auch will ich zur selben Zeit die heimsuchen, die über die Schwelle springen, die ihres Herrn Haus füllen mit Rauben und Trügen.

Zur selben Zeit, spricht der Herr, wird sich ein lautes Geschrei erheben vom Fischtor her und ein Geheul von der Neustadt und ein großer Jammer von den Hügeln. Heulet, die ihr im Mörser wohnt; denn das ganze Krämervolk ist dahin, und alle, die Geld wechseln, sind ausgerottet.

Zur selben Zeit will ich Jerusalem mit der Lampe durchsuchen und aufschrecken die Leute, die sich durch nichts aus der Ruhe bringen lassen und sprechen in ihren Herzen: Der Herr wird weder Gutes noch Böses tun. Ihre Güter sollen zum Raub werden und ihre Häuser verwüstet. Sie werden Häuser bauen und nicht darin wohnen, sie werden Weinberge pflanzen und keinen Wein davon trinken.

Des Herrn großer Tag ist nahe, er ist nahe und eilt sehr. Horch, der bittere Tag des Herrn! Da werden die Starken schreien. Denn dieser Tag ist ein Tag des Grimmes, ein Tag der Trübsal und der Angst, ein Tag der Finsternis und des Dunkels, ein Tag der Wolken und des Nebels, ein Tag der Posaunen und des Kriegsgeschreis gegen die festen Städte und die hohen Zinnen. Und ich will die Menschen ängstigen, daß sie umhergehen sollen wie die Blinden, weil sie wider den Herrn gesündigt haben. Ihr Blut soll vergossen werden, als wäre es Staub, und ihre Eingeweide sollen weggeworfen werden, als wären sie Kot. Es wird sie ihr Silber und Gold nicht erretten können am Tage des Zorns des Herrn, sondern das ganze Land soll durch das Feuer seines Grimms verzehrt werden; denn er wird plötzlich ein Ende machen mit allen, die im Lande wohnen.«

So der liebenswürdige Prophet Zefanja. Allerdings wußten die früheren Schwarzmaler dem verheißenen Ende immer auch einen neuen Anfang in einem herrlichen Gottesreich anzuschließen. Der Untergang sollte gewissermaßen nur eine Reinigung vornehmen, gleich einer höheren Sintflut. Wir Heutigen müßten uns dagegen etwas schämen, daß wir unsere Phantasie so sehr verkümmern lassen und nicht fähig sind, hinter die Bilder des finsteren Unterganges auch solche eines neuen Erwachens zu malen. Wenn wir schon der Phantasie ihren Lauf geben, zeugt es nicht eben für sie, lichtscheuem Gesindel gleich, nur die düstersten Orte aufzusuchen.

5

Heraklit war wohl auch ein Unheilsverkünder, wie wir bereits sehen konnten – Das Feuer wird kommen, alles zu fassen und zu scheiden –, wenngleich er im Feuer einen hohen Geist erkennt, vielleicht gar den unmittelbaren Motor aller Bewegung und Veränderung: Φρονιμον το πυρ das Feuer ist vernunftbegabt. Damit wäre die Drohung in etwa zur Verheißung gewendet.

6

Die Vergänglichkeit der Dinge steckt uns zu fest in den Knochen, als daß wir sie irgendwo loswerden könnten. In jeder Stunde, vom ersten Lebenstag zum letzten, sehen wir im kleinen weit mehr entstehen und vergehen als bestehen. Wenden wir dann den Blick in ältere Zeiten, so lehrt uns die Geschichte, wie der ehrwürdige Dom, das prunkvolle Schloß, Gebäude, die unserm kindlichen Auge die vergangene Ewigkeit höchst eigentlich repräsentieren wollten, wie diese Festen des Glaubens und des Reichtums ihre Entstehung hatten, ihre Wandlungen durchschreiten mußten und wie tausend andre ihrer Art bereits zu Staub zerfallen sind. Wie ängstlich wir unsere Sitten, Gesetze, Religionen, Sprachen hüten, beweist nicht ihre Unantastbarkeit, aber deutlich ihre kränkelnde Schwäche. So gut wie nach Süden, Osten, Westen, Norden kann ich in die Vergangenheit reisen, um andere Länder, Völker und Sitten zu betrachten. Was hat sich davon nicht alles verlaufen und zerstreut. Montaigne: Les astrologues ont beau jeu à nous advertir, comme ils font, de grandes alterations et mutations prochaines, leur devinations sont présentes et palpables. Il ne faut pas aller au ciel pour cela. Und nicht zu den Zahlen und Fakten der Statistiken, mit denen uns kritische Politologen und Futurologen über die Zukunft aufklären wollen. Auch ohne ihre Hilfe und unabhängig von der Ausbreitung der Technik in Alltag oder Kriegswesen wälzen sich die Weltzustände ohne Ende fort und kehren dabei das Unterste immer einmal wieder zuoberst.

> Omne cum Proteus pecus egit altos
>   Visere montis,
> Piscium et summa genus haesit ulmo,
> Nota quae sedes fuerat columbis,
> Et superjecto pavidae natarunt
>   Aequore dammae.

7

Die Geologen erzählen, es sei, wo ich lebe, einmal ein großes Weltmeer gewesen. Die Menge des Kalkgesteins sei aus den Ablagerungen dieses Weltmeeres entstanden und zeuge davon. Zu einer anderen Zeit, so sagen sie, sei ein riesiges Eismeer hiergewesen, habe in seiner Flutwelle Berge vor sich hergetrieben und das ganze Land, den Wuchs und alles Leben unter sich erstickt. Fast wie begabte Dichter und weit ausführlicher, als selbst Hesiod oder Ovid es je gewagt hätten, malen sie uns hier und in anderen Bildern vergangene Weltzustände aus bunten Farben und absonderlichsten Formen, wie sie der schweifende menschliche Geist nur ersinnen kann. Zuweilen ist man verführt zu denken, sie müßten dabeigewesen sein. Aber glauben wir ihnen. Lassen wir sie, wie einst die alten Mythensänger, auf ihre Weise von vergangenen Zeiten berichten, um so dem Geist und der Phantasie ein bißchen Halt zu gewähren in diesen unsicheren, dunklen Räumen. Sie helfen uns bei der Einsicht, daß auch die großen Formen der Natur sich in der Weltgeschichte wandeln müssen. Meere werden ausgetrocknet, Berge fortgeschwemmt, Wälder veröden, Wüsten werden überwuchert.

8

Unser Denken ist voller Zwiespalt. Wir glauben an die vollständige und unwiderrufbare Vergänglichkeit der Dinge und können doch nicht glauben, ja, nicht einmal mit gutem Willen denken, irgendein Ding werde zu nichts. Wir sagen daher, alles fließe und verwandle sich beständig, und führen etwa an, die Stoffe eines Baumes gingen nicht verloren, wenn er morsch wird und verfault, sondern würden zur Nahrung den Tieren und Dünger den Pflanzen. In ihnen führten die Stoffe dieses Baumes ihre Existenz fort, und kein Jota sei davon verloren. Was aber ist mit der Gestalt des Baumes geschehen, seiner inneren und äußeren Organisation, den Umrissen und Strukturen seiner tausend Äste, Blätter und Wurzeln, diesen endlosen prächtigen Formen, was ist mit den Farben, mit den Blüten geschehen, wohin ging dieses Bild der Schönheit oder knorrigen Häßlichkeit? Vom Baum als einer Vielzahl von Stoffen, die anderswo zu Nahrung, Werkstoff und Dünger dienen, kennen wir das Schicksal; aber wo bleibt der Baum als Baum? Geht hier doch etwas verloren, verschwindet hier etwas ins Nichts? Sagen wir vielleicht sogar häufiger, alles in dieser Welt gehe zugrunde, als daß im Grunde sich doch nichts in ihr verlieren könne, nur verwandeln. Die Gestalt der Dinge scheint uns nicht einen Augenblick lang zu verharren, sondern fortlaufend zu entstehen und, kaum entstanden, wieder abzutauchen, um einer neuen Gestalt den Platz frei zu machen. Bestenfalls, wenn sich die Gestalten über eine längere Abfolge für unsre groben Sinne recht ähnlich ausnehmen, denken wir sie uns als beharrend und unterschieben der Erscheinung eine Identität. Aber irgendwann einmal kann auch diese sich im reißenden Strome nicht mehr halten und wird zerzaust und aufgelöst – der Stoff bleibt wohl erhalten, doch wird er umgeformt, und aus Holz wird schließlich Kohlendioxyd und Asche. Aber die Gestalt des Baumes, die besondere Konstellation seiner Bestandteile, die Individualität, die Identität: wo gehen sie hin, da doch nichts Wahrnehmbares davon zu bleiben scheint, und wo kamen sie her, da man sie zuvor doch nirgends finden konnte? Der Mensch denkt nicht gern an Zauberei, wo er sich mit seiner Wirklichkeit beschäftigt. Den Sprung vom Nichts zum Sein und dahin zurück kann er aber um keinen Preis vollziehen, warum er ihn eben als Zauberei bezeichnet und abtut. Er will nicht glauben, etwas könne aus dem Nichts entstehen oder dahin zurückgehen – so sucht er sich für die hoffnungslosesten Fälle noch eine Erklärung. Darum: Wenn eine Stadt, gestern in der Blüte stehend, heute zerstört wird, so zeigen sich, sieht man die beiden Zeitpunkte voneinander losgelöst, auch zwei verschiedene, voneinander unabhängige Bilder, das eine in ein Nichts gesunken, das andere daraus entstanden. Betrachten wir jedoch die Tage, ja die Augenblicke dieser Stadt als ein zusammenhängendes Band aus Vergangenheit, Gegenwart und Zukunft, so wird uns die Vorstellung vom Wechsel der Gestalten leichter: Jede Gestalt ist die unmittelbare Wirkung der vorhergehenden. Sie kann jetzt nur sein, wie sie ist, weil die vorige war, wie sie war. Hätte die blühende Stadt gestern anders ausgesehen, so sähen, unter den gleichen Einwirkungen von Gewalt, heute die Trümmer anders aus. Jede Gestalt ist also die eindeutige Wirkung ihrer Vorgängerin und eine ebensolche Ursache ihrer Nachfolgerin. Sie berührt daher nirgendwo das Nichts, sondern findet sich im Vorigen so gut aufgehoben wie im Späteren.

Wenn wir die Verbindung der aufeinanderfolgenden Zeitpunkte nicht durch die Kausalität vollziehen könnten, wenn der Stein in diesem Augenblick hier, im nächsten dort drüben läge und wir um nichts in der Welt uns ausdenken könnten, wie sein jetziger Aufenthaltsort durch den vorigen bestimmt und so mit ihm verbunden wäre, dann müßten wir denken, daß ein Zustand der Materie aus dem Nichts entspränge und wieder dahin ginge, dann ein völlig neuer dasselbe täte usf., also die Natur Sprünge mache und die Welt eine Hexenküche sei.

Dabei lebt die Gestalt der blühenden Stadt nicht nur in ihren Trümmern weiter, sondern vor allem in all den anderen, weitläufigen Wirkungen, die sie während ihrer Blüte tat und dem Gedächtnis der Menschheit einprägte.

Der Stoff oder die Materie bleibt uns also erhalten, weil wir sie, nach gleich welcher Umwandlung, wenigstens quantitativ in andrer Gestalt wiederfinden können – wenn auch oft nur in der Einbildung, etwa wenn wir sagen, Materie werde zu Energie oder umgekehrt. Die Gestalt, die man auch Qualität der Materie nennen könnte, bleibt erhalten durch die Kausalität, indem jede Gestalt aus der ihr früheren hervorgeht, also auch darinnen gewesen sein muß, und in die ihr folgende als Ursache hineingeht, also auch in ihr enthalten und somit erhalten sein wird – und zwar auf alle Zeit. Folglich sind alle Gestalten, alle früheren und alle späteren, auch noch und schon in einer jetzigen aufgehoben; und weil auch alles Räumliche zusammenhängt, sind es auch alle gleichzeitigen. Doch so weit wollte ich mich an dieser Stelle nicht versteigen. Jedenfalls ließe sich aus dem Angeführten leicht eine hoffnungsfrohe Perspektive ableiten und sagen: Es gibt überhaupt keine Vergänglichkeit, es gibt nur Schöpfung, nur Entwicklung zu neuer Formation und Kreatur, nur Metamorphose, keinen Tod. Wenn unser Leib verfault, geht nichts unter, sondern wird etwas Neues geboren: Larven, Würmer und die anderen biologischen und chemischen Produkte, wodurch die Welt ständig bereichert oder wenigstens erneuert, keinesfalls jedoch reduziert wird. Das klingt zunächst zu anspruchslos, weil nicht recht auf die besonderen Interessen des Menschen bezogen. Mit einiger Meditation jedoch ließe sich aus dieser Selbsteinordnung und Unterordnung des Menschen in den weiten Kreis der Schöpfung durchaus eine angenehme Gewißheit hervorbringen, daß der Mensch in dieser Schöpfung auch geborgen und wohl aufgehoben sei, unverrückbar und ungefährdet auf alle Zeit.

9

Ich habe glücklich und künstlich meine Sache zerlegt in Stoff und Gestalt, in Quantität und Kausalität, um, was sonst jedem in der Einheit klar ist, in Teile zerhackt, mit Mühe wieder verständlich zu machen. Dabei dünkt mich

Bitte senden Sie uns / mir über eine Buchhandlung Ihrer Wahl:

___ Ex. Rudolf Graf Czernin
Wahrheit und Lüge
328 S., DM 38,--/Fr. 36,50/öS 296,40

___ Ex. Löser / Proektor
Revolution der Sicherheit
388 S., DM 48,--/Fr. 46,10/öS 374,40

___ Ex. Valentin M. Bereschkow
Ich war Stalins Dolmetscher
518 S., DM 48,--/Fr. 46,10/öS 374,40

☐ Bitte informieren Sie mich über alle Ihre Neuerscheinungen

Anschrift des Bestellers:

_____

_____

_____

_____

Bei Bestellung
zahlt
Empfänger
Porto

Universitas Verlag

Thomas-Wimmer-Ring 11

8000 München 22

zuweilen, als seien Stoff und Gestalt gar keine zu trennenden Dinge, als gäbe es gar keinen neutralen, gestaltlosen, nur quantitativen Stoff, aus dem sich wie im Baukasten jede beliebige Gestalt konstruieren ließe. Nur wir nennen gewisse Formationen (also bereits Einheiten von Stoff und Gestalt) einen Stoff, aus dem verschiedene Gestalten hervorgehen können: so aus Stein ein Haus, ein Turm oder ein Pflaster. Aber wie weit sich diese Trennung ins Allgemeine zu erweitern lohnt, wage ich, mit Bescheidenheit, nicht zu sagen: kann man sich doch eben diesen Stoff sehr schwer nur vorstellen, der selbst nicht schon irgendeine Gestalt haben soll. Auch der alte Disput, ob nun Materie oder Form das höhere Prinzipium sei und welches von welchem nur zur Wirklichkeit gebracht wird, will mir nicht so viele Mühe wert scheinen. Ja, es werden gewöhnlich die Mütter nicht von ihren Kindern geschwängert – wohl aber von Kindern anderer Mütter; die Frau empfängt und sie gebiert; bringt selbst das Zeugende aus ihrem Schoß hervor und ist doch immer in der Lage, selbst zu zeugen. Sollte nicht ein ähnliches Wechselspiel wie zwischen männlich und weiblich auch zwischen Form und Materie stattfinden? Ohne daß eines von beiden das Erste, das Beständige, das andere aber abhängig und allein veränderlich wäre? Beide können einen ewigen, vollkommenen Kern und Ursprung besitzen und sich dennoch in vielfältigster Einzelheit und Besonderheit mit Abwechslung und frischem Leben jeden Tag mit Neuheit präsentieren.

10

Zur Vergänglichkeit und ihrer Allmacht auch über die großen Formationen der Natur ließe sich noch ein eigenes Verhältnis anführen: Wie viele dieser großartigen und bedeutenden Gebilde sind nicht bereits dahingegangen, und wie viele Tränen wurden ihnen nachgeweint? – Und warum so wenige? Nun, wer sollte weinen als der Mensch, aber der denkt am leichtesten an sich und weint am liebsten über den Verlust, der ihn betrifft. Was kümmern ihn die großen Tragödien der Natur, wenn sie nur in weiter Vergangenheit oder im fernen Raume des Universums spielen. Wo seine Phantasie nicht hinreicht, die Katastrophe mit seinem eigenen Schicksal zu verbinden, bleibt er kühl, wird er zum ruhigen Erzähler von Mythen und Wissenschaften. Nur wo er selbst die Folgen zu spüren fürchtet, erregt ihn das Unheil, was zuvor nicht mehr als ein buntes Spiel notwendiger Vergänglichkeit war. Wir spielen die gestrengen Herren und fürsorglichen Hirten über die Natur und sollten dabei zum einen dankbar sein für jeden Tag, den uns die große Gnade gewährt, zum andern eingestehen, daß wir nur dort Fürsorge leisten, wo sie uns selbst zustatten kommt. So groß sind wir nicht und nicht so selbstlos. Über Liebe und Haß gibt Descartes eine bemerkenswerte Definition: L'Amour est une émotion de l' âme qui l'incite à se joindre de volonté aux objets qui paraissent lui être convenables. Et la Haine est une émotion qui incite l'âme à être séparée des objets qui se présente à elle comme nuisibles. Und im übrigen gilt, was Seneca sagt: Supervacuum est naturae causam agere, quae non aliam voluit legem nostram esse quam suam: quicquid composuit, resoluit, et quicquid resoluit, componit iterum. Es ist überflüssig, die Sache der Natur zu vertreten, die kein anderes Gesetz für uns gewollt hat als das ihre: Was sie immer zusammengefügt hat, löst sie auf, und was immer sie aufgelöst hat, fügt sie von neuem zusammen.

11

Alles wollen wir erhalten und verewigen, und doch finden wir keine Ruhe, bis wir nicht die Vergänglichkeit auch des letzten Gegenstandes nachgewiesen haben. Da ist den Astronomen leichtes Spiel, mit uns den Schabernack zu treiben. An einem Tag wird ihnen die Sonne kalt und irgendwann vollends erlöschen, an einem andern wollen sie uns lehren, die Sonne blase sich auf und müsse einmal explodieren, nachdem sie unsre Erde lange schon versengt. Den einen geht das Weltall auseinander, den andern ersäuft's in sagenhaften Löchern. Das zeigt die Nähe der Astronomie zur Philosophie: daß keine Theorie absonderlich genug sein kann, um nicht von einem Himmelskundler schon vertreten worden zu sein; von den alten so gut wie von den unsrigen. Vielleicht das Los aller Wissenschaften, die sich über die Grenzen der Wahrnehmung in die abenteuerlichen Gefilde der Theorie wagen. Zurück auf der Erde, wollen die einen, daß die Menschheit durch Strahlen der Atomreaktoren versieche, die andern durch ultraviolette Bestrahlung von der Sonne, welche, indem das Ozon der Atmosphäre durch allerlei menschliche Aktivitäten abnehme, nicht mehr ausgefiltert werden könne und uns schließlich den Pelz verbrenne. Das Ozon jedoch läßt sich wiederum nur vermindern und damit die südländische Bräunung der Haut befördern, so die Lüfte in bitterster Kälte klirren, also über der Antarktis. Nun blieb in einem Jahr der Ozonschwund aus, weil der Winter am Südpol diesesmal milder gestimmt war. Unsere Partei der düstern Wissenschaft geriet in schwere Not um ihre prophezeite Katastrophe, während sich sogleich eine andere beflügelt in die Höhe schwang, welche darauf setzt, daß aus der Verbrennung von allerlei Naturprodukten durch Menschenhand Kohlendioxyd in der Atmosphäre so stark sich konzentriere, obendrein wegen des abnehmenden Waldbestandes nicht chemisch zurückgewandelt würde, daß durch so entstandenen Dunst die Strahlen der Sonne zwar künftig noch in die Atmosphäre eintreten könnten, dann aber, nachdem sie an der Erde gebrochen und das Licht in Wärme verwandelt, diese nicht wieder hinauskäme – gerade wie Mephisto in Fausts Studierzimmer:

> Der Pudel merkte nichts, als er hereingesprungen!
> Die Sache sieht jetzt anders aus:
> Der Teufel kann nicht aus dem Haus.

Durch diesen Effekt nun soll es auf Erden künftig immer wärmer werden, die Eisberge sollen an den Polkappen abschmelzen (bis am Ende aus lauter mangelnder Kälte gar kein Ozon mehr vernichtet werden kann) und schließlich die Erde wie zu Noahs Zeiten überfluten. Mancher wird zu Hause bereits an der Arche basteln.

Doch wie wir heute unsere Welt in Rauch hüllen und mit Unrat bedecken, scheint mir eher das Leben, weniger das Überleben zu betreffen. Der Tod ist jedem vorgeschrieben, und das Leben gewinnt nicht mit Anzahl der Tage und nicht mit Anzahl der Menschen. Und Schlimmeres als uns geschehen, brauchen wir nicht zu fürchten, denn auch Schmerz und Tod mußte die Menschheit schon erleiden bis zur letzten Grenze. Würde man sechzig Millionen durch eine selbstgemachte Katastrophe verlieren, hätte man doch nicht mehr verloren als in den letzten beiden Weltkriegen, und stiegen die Krankheiten, daß die Menschen, im Mittel gerechnet, nicht mehr als dreißig Jahre erreichten, so würde man sich im selben Zustand befinden wie vor unserer wissenschaftlichen und technischen Epoche. Für jedes von beiden müßte sich Ungeheuerliches ereignen – und doch im Grunde nichts Neues. Aufs Ganze gesehen hätten wir gegen frühere Zeiten nichts verloren.

Sollten uns eines Tages die Bequemlichkeiten und die Spielereien der Technik abhanden kommen, so würde ich mich leicht trösten in der Gewißheit, daß andere Jahrhunderte einen höheren Stand der Kultur ohne all dies erreichten – unter schlimmsten Krankheiten und Seuchen, mit weniger Bevölkerung – und höher gestiegen sind, ohne auf den Mond zu kommen. Ich nutze die heutigen Möglichkeiten wie sie, in früheren Jahrhunderten, die ihren nutzten. Aber ich werde biegsam genug sein, ihren Weg wiederzufinden, wenn je der unsere einmal zu Ende ist.

Der Sinn für Reinlichkeit und Schönheit sollte uns leiten, viel Treffliches und dabei wenig Unrat hervorzubringen, nicht so sehr die Furcht vor körperlichen Übeln oder Tod.

12

Mit mythischer und wissenschaftlicher Anstrengung konstruieren wir die Vergänglichkeit in die Dinge hinein, wo sie sich nicht selbst offenbart. Wir sind an sie geschmiedet mit übermächtigen Ketten, sie hält uns gefangen, wir halten uns an ihr, wir hassen sie, versuchen sie zu überwinden und sind doch in sie verliebt. Wer wollte da noch zweifeln, daß auch unsrer Gattung einmal der letzte Tag beschieden sein wird. Und doch bleibt uns diese Vorstellung noch widerspenstiger im Halse stecken als diejenige vom eigenen, privaten Tod. Ist der Bissen denn gar so groß? Wenn wir uns ausmalen sollen, was von der Welt ohne Menschen bliebe, gebärden wir uns wie die ratlosen Philosophenschüler, denen man aufträgt, sich die Unendlichkeit oder das Nichts vor Augen zu führen. Wir wagen es nicht, weil wir glauben, jede Vorstellung sei ja die Vorstellung eines Menschen und müsse daher auch nach ihm beschaffen sein, nach seiner Art, zu sehen, zu hören, zu fühlen und zu denken. Eine Welt jedoch, in der sich gar kein Mensch mehr befände, die also in keines Menschen Vorstellung lebendig existierte, müßte dann vollkommen unvorstellbar und deswegen auch unmöglich sein. So schließen wir gerne und gefallen uns dabei: wir als das Maß aller Dinge. Nun habe ich in meinem Leben vieles gesehen, was mit hoher Wahrscheinlichkeit nie mehr vor eines Menschen Auge oder in seine Vorstellung gelangen wird. Am begreiflichsten ist dies an endlosen Steinen oder nur Sandkörnern, denen ich auf meiner Reise durch die Sahara begegnet bin, wo mich mein Weg auch von betretenen Pfaden abführte. Ich hatte aber noch niemals Bedenken, und wen man landläufig vernünftig nennt, wird sie auch nicht haben, es müßten alle diese Dinge, wenn ich einst sterbe, mit mir ins Grab steigen, da doch kein menschliches Bewußtsein mehr dasein wird, sie sich vorzustellen. Auch müßte vieles davon erst zur Welt gekommen sein, weil ich kam, es zu sehen. Solche Königswürden schreiben wir uns zu, daß, wo wir nur hinkommen, die Natur wie treue Untertanen zum Spalier sich stellt und, wo wir nur hinschauen, uns mit ihrem Gepränge defiliert. Mancher Gedanke spinnt sich wohl noch weiter und kommt dahin, die ganze Welt sei überhaupt bloß eine Vorstellung und ein Bild des Menschengeistes. Mein Kopf ist zu träge, in dieses Labyrinth zu folgen, in dem sich am Eingang bereits so viel Gelegenheit zur Verirrung auftut. Ich gehe lieber den Weg des Alltags, der, wenn weniger tief, so doch besser gangbar ist. Würde die Welt mit dem Bewußtsein des Menschen untergehen, so wäre übrigens völlig ausreichend, daß mein eigenes Bewußtsein dahinginge – es würde die Welt mit sich nehmen. Im Bewußtsein der anderen könnte sie unmöglich fortbestehen, denn auch diese müßten mit mir kommen, da sie ja selbst nur in meinem Bewußtsein existierten. An diesem endlosen Faden fortzuspinnen macht keine Freude. Nehmen wir uns nicht so wichtig, als hinge alles nur an unserem kläglichen Bewußtsein, an dessen dünnem Faden sich ohnehin immer nur ein elend kleiner Teil der Wirklichkeit festhalten kann. Ist die Welt nicht groß und alt genug, daß sie auch ohne uns zurechtkommen kann?

Aber weil wir nun einmal nur an uns denken können, sind es wohl noch andere Gründe, die uns schrecken und mit dumpfer Schwere im Magen liegen. Vernünftig müßten wir doch denken: Was auch nach dem Tode kommen mag, für den Toten wird sich gleichbleiben, ob dann noch Menschen auf dieser Erde wandeln oder sein Geschick im Orkus teilen. Fällt er durch den Tod ins Nichts, was kann ihm daran liegen, ob hier noch seinesgleichen sich plagen und sich freuen. Liegt ihm vielleicht an ihrer Nachrede?

> Et meministis enim, diuae, et memorare potestis;
> Ad nos vix tenuis famae, perlabitur aura.

Wie lange hält sich solcher Ruhm? Eine, zwei, vielleicht auch drei Generationen leben wir in der Erinnerung der Späteren fort; die Großen freilich länger, doch auch ihr Name wird mit den Jahrhunderten leiser ausgesprochen, und das Feuer der Anteilnahme erlischt. Dafür werden, zum Ausgleich dieses kleinen Privilegs, so viele zu Lebzeiten schon vergessen, auf öffentliche Kosten in den Tod gepflegt und wissen kaum selbst ihren Namen mehr. μικρον δε και ἡ μηκιστη ὑστεροφημια, και αὐτη δε κατα διαδοχην ανθρωπαριων ταχιστα τεθνηξομενων και ουκ ειδοτων οὐδ' ἑαυτους, ουτι γε τον προπαλαι τεθνηκοτα. (Kurz ist auch der längste Nachruhm, und er gründet sich auf die Nachfolge schwacher Menschengeschlechter, die rasch tot sein werden und nicht einmal sich selbst kennen, geschweige den vor Zeiten Gestorbenen. Marcus Aurelius, III. Buch.)

Und wenn man sich an uns erinnern und wenn man von uns reden wird, so kann es dabei doch nicht besser zugehen als jetzt; die einen rühmen uns, die anderen schelten uns, von den dritten werden wir übel verleumdet, und der Rest lobt uns, wo wir gar nichts verdient haben.

Oder setzen wir auf den Fortgang unsres eigenen Familiengeschlechts, das unser Blut in den Kindern weiterträgt – wie leicht werden wir betrogen sein; das Geschlecht stirbt aus, bei großen Männern oft am schnellsten, weil ihre Kraft vom Werk anstatt vom Weibe aufgesogen ward; oder die Nachkommen werden den Namen und das Blut nicht würdig tragen. Da hätte mancher wohl seinen eigenen Stamm lieber ausgetrocknet, als ihn zu solch bösen Früchten treiben und wuchern zu sehn – und nimmt nicht mancher Selbstmörder aus Vorsicht Frau und Kinder ins Reich der Schatten mit, wie mancher Dichter sein Werk?

Wenn unser Fortleben in den Nachkommen also hier auf Erden schon zweifelhaft ist, wieviel weniger wird es uns im Nichts bedeuten, wo doch die Bedeutung selbst nichts mehr bedeutet. επει παν αγαθον και κακον εν αισθησει, στερησις δε εστιν αισθησεως ὁ θανατος. (Beruht doch das Gute und das Schlechte auf der Wahrnehmung; der Tod aber ist das Ende der Wahrnehmung. Epikur.)

Wenn durch den Tod wir an das Nichts verfallen, wenn er das Ende des Bewußtseins ist, dann werden wir keinen guten Grund finden, warum uns der Fortbestand der Menschheit nach unserem eigenen Tod etwas angehen sollte. Epikur sagt weiter in seinem Brief an Menoikos: το φρικωδεστατον ουν των κακων ὁ θανατος ουδεν προς ἡμας, επειδη περ ὁταν μεν ἡμεις ωμεν, ὁ θανατος ου παρεστιν, ὁταν δ' ὁ θανατος παρη, τοθ' ἡμεις ουκ εσμεν. (Das schauerlichste Übel, der Tod, geht uns nichts an, denn solange wir existieren, ist der Tod nicht da, und wenn der Tod da ist, existieren wir nicht mehr.) So könnte man sagen: Das Ende der Menschheit geht uns nichts an, denn solange wir existieren, ist das Ende der Menschheit nicht da, und wenn es da ist, existieren wir nicht mehr.

13

Denken wir nun, unser Bewußtsein würde nach dem Tode fortbestehen und wir uns an den jenseitigen Ufern des Styx wieder in die Arme nehmen oder doch irgend sonstwie begrüßen können. Dann würden wir dort gemeinsam in der Hölle schmachten, das Purgatorium bestehen oder uns den paradiesischen Freuden weihen. In jedem Fall aber hätten wir Freude oder Leid genug, als daß wir unsere Augen zurück ins Diesseits richten wollten, um zu schauen, ob die Menschheit, die sich eines Tages doch auch zu uns finden wird, und zwar auf eine Ewigkeit, an der gemessen sie jetzt nur mit dem Auge zwinkert, ob diese Menschheit eben noch ihr Nichts an Zeit auf ihrer Erde zubringt oder auch schon hier ist. Wann Gott den Jüngsten Tag bestimmt hat, an dem wir vor seinem Richterstuhle stehn, wer wollte darüber mit ihm rechten: es sei noch zu früh, die Uhr der Menschheit noch nicht abgelaufen. »Und ich sah einen großen, weißen Thron und den, der darauf saß, und vor seinem Angesicht flohen die Erde und der Himmel, und ihr Platz fand sich nicht mehr« (Johannes-Offenbarung). Gerade der Fromme sollte unbesorgt diesen Tag in Gottes Hand legen und sich beinahe mehr darauf freuen als ihn fürchten, besser aber doch in gottvertrauender Gleichgültigkeit zu diesem Ereignis stehen, ganz wie zu seinem eigenen Tode. Statt dessen denkt er, es könne der Mensch dem Willen Gottes vorgreifen und die Welt noch vor dem Jüngsten Tage untergehen lassen – als sei ein Untergang durch Menschenhand deswegen weniger durch

Gott bestimmt, dem doch dieser Weg so offensteht wie irgendeiner. Gott sendet den Menschen andere Menschen, wie er Seuchen und Naturkatastrophen sendet: Was macht es dann, ob wir durch die Pest, durch Erdbeben oder durch Kriege zugrunde gehen. Wer den Krieg nicht mag, braucht ja selbst keinen zu beginnen. Nur soll er sich, wenn andere es tun, nicht mehr darüber bestürzen als über einen Vulkanausbruch oder sonst ein unheilvolles Naturereignis. Freilich ist die Prophylaxe gegen ein Gewitter, sich unterzustellen; gegen den Krieg gibt es außer Schutzmauern und militärischer Rüstung, den Gegner zu bedrohen, noch die Möglichkeit, ihn durch moralische Ermahnung zu besänftigen. Wie unter Menschen, so mag dies auch unter Völkern und Regierungen seine gute Wirkung tun. Jedoch ist darauf zu achten, daß mit dieser Moral nicht nur die Bequemlichkeit, Ruhe und Kampfesunlust, um nicht zu sagen Feigheit der eigenen Reihen gefördert und der Gegner währenddessen um so mutiger gemacht werde. Churchill bemerkte zum Münchner Abkommen, wo dem kriegslüsternen Hitler von den europäischen Nationen erlaubt wurde, die Tschechoslowakei einzunehmen: »Es ist, als wollte man einen wilden Tiger zähmen, indem man ihm rohes Fleisch vorwirft.« Tatsächlich konnte Hitler dadurch nur ermutigt werden, in den folgenden Jahren die halbe Welt ins Unglück zu stürzen.

14

Keine schlimmeren Kriege hat das Auge der Menschheit je gesehen, als in unserem Jahrhundert über dieses leiderfahrene Europa hinweggebraust. Jetzt, in meinen Jahren und vornehmlich in Deutschland, will keiner etwas vom Krieg mehr wissen, und immerhin scheint es, als könnten wir durchaus einer Epoche des Friedens entgegensehen. Dennoch wird nur der eng in seiner Zeit Befangene daraus eine Hoffnung ableiten, es könne der Krieg nun endgültig in unseren Landen überwunden und nur noch in den Büchern der Geschichte, nicht mehr in denen des Lebens zu lesen sein. Der Krieg aber gehört den Staaten wie der Streit den Bürgern – als eine Notwendigkeit des Charakters, nicht als eine Epoche oder ein Ereignis. Wer aufrichtig glaubt, es werde eines Tages jeder Zwist unter Menschen aufhören, der darf mit gutem Recht daraus folgern, daß sie sich dann auch keine Gewalt mehr antun, und daraus wiederum, daß dies auch die Völker unterlassen und sodann die Kriege aufhören werden. Doch wessen fromme Einfalt nicht so weit reicht, der sollte vom Allgemeinen, den Staaten, nicht erwarten, was das Besondere, was der Bürger nimmer erfüllt. Das Schiff ist nicht ruhiger als die See, und wenn es durch leichtes Wellengekräusel nicht bewegt wird, so wird es um so mehr geschüttelt und in eine Richtung gerissen, sobald die Elemente, von denen es abhängt, sich dorthin aufmachen. Windstille läßt eher Sturm denn Ruhe erwarten, und je länger sie währt, desto mehr.

Eine lange Periode des Friedens hat schon manchem Volke blühende Zeiten, den Bewohnern großen Reichtum gewährt. Doch wurden die größten und vielbesungensten Taten im Kriege vollbracht, und nur im Krieg wird die unschöne Angst vor dem Tode durch tägliche Gewohnheit und Übung von einer großen Zahl der Menschen überwunden. Vielleicht macht dies überhaupt Größe und Ruhm des Krieges, daß die guten Taten mit dem höchsten und selbstlosesten Einsatz, der den Menschen möglich, dem bedenkenlosen Einsatz ihres Lebens, vollbracht werden. Das Übel des Krieges besteht darin, daß nicht alle Beteiligten gleichermaßen an diesem Rausch der Selbstlosigkeit und des Mutes beteiligt sind und deswegen als ein Übel empfinden müssen, was den einen Größe und Vollkommenheit bedeutet. Außerdem werden im Kriege natürlich ebenso sämtliche Schandtaten mit derselben Todesverachtung ausgeführt, was manche Unbequemlichkeit herbeiführt.

Ich gebe zu, von mir selbst am wenigsten zu wissen, ob ich ein Mann des Krieges sein könnte und wie tüchtig ich mich zwischen Rauchschwaden und Kanonendonner aufführen würde. Ich gönne der Welt vollkommen, ihre nächstens folgenden, bedeutenden Leistungen als Werke des Friedens zu vollenden. Gar neigt mein Gefühl dahin, es stünde unseren Völkern nun durchaus etwas Ruhe zu, indem sie den Tribut an Kampfesgeist und Mut überreich und gewissermaßen für einige Zeit im voraus entrichtet hätten. Auch mahnt unser Dichter:

> Wer im Frieden
> wünscht sich Krieg zurück,
> Der ist geschieden
> Vom Hoffnungsglück.

Andrerseits bringe ich nicht übers Herz, zu schmähen, was die edelsten und tapfersten Heldensöhne aller Völker zu allen Zeiten auf diesem feurigen, blutigen Boden bestellten. Ohne Rücksicht auf ihren letzten Tropfen Blut kämpften sie für eine gute Sache – denn der Edle war stets vom Guten seiner Sache überzeugt und oft gar vom Guten der Sache seines Feindes. Manches Mal steigerte sich wohl die Glut des Kampfes derart, daß dieser sich vollkommen selbst genügte, keinen Grund von außen mehr bedurfte, um als Brennstoff die Flamme zu schüren. Dies will vielleicht Homer sagen, wenn in der Schlacht um Troja der streitwilde Diomedes gegen Ares, der Krieger gegen den Gott des Krieges anstürmt. Eine höhere Form des Kampfes läßt sich nicht denken und keine, die dem Außenstehenden ungereimter und absurder schiene. Überhaupt wird der Kaufmann, der Bauer, der Handwerker, werden Frauen und Kinder nicht leicht von der Notwendigkeit oder gar dem Wert des Krieges überzeugt. Ihre Wirkenssphäre braucht den Frieden, und nur wenn sie bedroht ist, werden sie diesen zu opfern bereit. Es ist ihnen unbegreiflich, wie die schönen, wertvollen Dinge, welche sie mit Mühe gefertigt, ihr Reichtum, den sie erworben, die Kinder, die sie mit liebevoller Hingabe gebaren und aufzogen, nun einem kurzlebigen Ideal geopfert und nach ihrem Dafürhalten sinnlos zerstört werden sollen.

Dagegen findet ein Kriegsherr in ihrer Welt keine Erfüllung, wie auch Odysseus:

> Also focht ich im Krieg und liebte weder den Feldbau,
> Noch die Sorge des Hauses und blühender Kinder Erziehung;
> Aber das Ruderschiff war meine Freude beständig,
> Schlachtengetös und blinkende Speer und gefiederte Pfeile,
> Lauter schreckliche Dinge, die andre mit Grauen erfüllen!
> Aber ich liebte, was Gott in meine Seele geleget;
> Denn dem einen gefällt dies Werk, dem anderen jenes.

Die Sorge um Geld und Reichtum erscheint ihm klein, der das höchste Gut des Lebens in einem ruhmvollen Tode sucht und dem deswegen selbst das Leben nur einen bedingten Wert hält, als Voraussetzung nämlich, gut sterben zu können. Wer nicht so überfließt an Leben, daß er es großzügig und um der kleinsten Ehre willen zu verschenken bereit ist, bleibt für den Kriegsmann immerdar ein armer Hund und ein trüber dumpfer Geselle. Er wird ihn zwar, wie Ares den Hephaistos, als Waffenschmied und

Handwerker gerne in seine Dienste setzen, ihn dabei jedoch ebenso verachten.

Oft ist großer Jammer und überall Vorwurf, wenn ein nunmehriger Feind vor Waffen starrt, welche man ihm selbst im Laufe von Jahren entwickelt, gebaut und verkauft hat. Alle, die Kriegsgerät herstellen und weitergeben, werden jetzt schnell als Kriegstreiber und Verbrecher an der Menschheit verklagt. Sicher ist, daß in diesem Gewerbe sich manch trübes Kraut durchschlingt, das, von redlichen Absichten weit entfernt, sich einzig bekümmert, auf abenteuerlichste, bequemste und vor allem schnellste Weise an das meiste Geld zu kommen. Dennoch kann Rüstungshilfe und Waffenlieferung nicht schlechthin eine unehrenhafte Sache sein, selbst wenn zwei potentielle Kontrahenten vom selben Waffenschmied beliefert werden: Ein Fecht- oder Karatelehrer zeigt seine Kunst des Angriffs und der Verteidigung allen Schülern, die er dessen für würdig hält, und ermahnt sie, sofern er ein guter Lehrer ist, die erlernte Kunst niemals für ungerechte Ziele einzusetzen. Jedoch kann er unmöglich sicher sein, ob nicht ein Schüler die Kunst eines Tages zu Schlechtem anwendet, ja er kann nicht einmal sicher urteilen, selbst wenn er davon Kenntnis hätte, ob ein anstehender Handel denn gerecht oder ungerecht sei. Auch mögen sich zwei seiner Schüler einmal gegenseitig totschlagen, so wird er zwar mit den Weg dorthin geebnet, aber doch sie nicht totgeschlagen haben. Wo der Lehrer Einblick und Einfluß hat, soll er stets bemüht sein, aufs Gute und Gerechte zu wirken, und er sollte beide Kontrahenten nur dann zugleich unterstützen, wenn er beider Anliegen für gerecht hält. Tut er aber dieses, so darf er auch jenes, ebenso wie er im friedlichen Wettkampf auch beide Parteien zu fördern sucht. Der bloße Waffenschmied allerdings sollte sich ausschließlich um die Qualität seiner Ware kümmern, nicht darum, an wen sie gerät oder ob sie zum Guten angewendet wird; dazu fehlt ihm die Urteilskraft vollends. Hier ist allein die Regierung gefordert, und der Schmied ist ein Schurke, wenn er gegen die Pläne seiner Oberen heimliche Geschäfte treibt – was denn allerdings fast die Regel zu sein scheint.

In den Krieg ziehen die einen gern, die andern ungern. Unter denen, die gern ziehen, gibt es Raufbolde, wurzelloses Gesindel, das sonst nirgends ein Unterkommen fand, Verbrecher, die sonst eingesperrt wären, Raublüsterne, die sich Beute in die eigene Tasche versprechen oder ein Weib in diesem Sinne zu erobern trachten, Söldner und Berufssoldaten, die ihr Auskommen suchen, Gehorsame, die, ohne zu denken, dem Ruf des Staates folgen, Gehorsame, die aus Überzeugung dem Ruf des Staates folgen, und schließlich Männer, deren Ideal darin liegt, irgendein Ding oder Anliegen höher zu achten als ihr eigenes Leben, um damit diesem Leben einen höheren als nur den biologischen Wert zu verleihen. Durch Stimmung und Lage und treffliche Ansprache des Feldherrn zur Schlacht können vorübergehend alle Streiter in dieser hohen Gesinnung schweben.

Unter denen, die ungern ziehen, sind Feige, die ausschließlich um ihre eigene Haut sorgen, denen nur die Länge des Lebens und wie man es möglichst unbehelligt genießen kann etwas gilt, dann solche, die nicht von ihren Geschäften wollen, da sie die Einbuße fürchten, dann solche, die sich um ein zurückbleibendes Weib und die Kinder sorgen, dann die, die den Verlust berechnen, der dem Staate überall durch einen Krieg entsteht, und zuletzt, die den prophezeiten himmlischen Frieden auch hier auf Erden als ein höchstes Ideal und Ziel empfinden, das zu verfolgen edelste und ehrenwerteste Handlung sein muß. Nicht aus Furcht vor dem Tode, vielmehr das eigene Leben für diesen heiligen Zweck nichts achtend und das Martyrium nicht scheuend, werden sie gegen den Krieg Propaganda machen. Es sind keine unwerteren Krieger als die letztgenannten aus der ersten Gruppe, wenngleich auf anderem Schlachtfeld.

Auch ist die ganze kriegsfeindliche Gruppe durchaus nötig, da die Kriegerischen die Welt wohl kurz und klein schlügen, würden sie nicht von Frau und Kind und Friedensmann rechtzeitig wieder beruhigt.

Daß ein Krieg heute, wegen des vielgestaltigen technischen Geräts, etwas im Wesen anderes sein soll als die früheren unserer Geschichte, fällt mir schwer zu glauben. Die Soldaten müssen jetzt ebenso tapfer in ihrer Gefahr ausharren, ebenso mutig zum Angriff schreiten, ebenso geschickt mit den Waffen schlagen, wenn nicht mit Schild und Schwert, so mit Zielgerät und Panzer, mit Flugzeug und elektronischem Ablenksystem, die Feldherren haben den Gegner richtig einzuschätzen, Strategien zur Täuschung, zur Ausnutzung seiner Schwäche wie der eigenen Stärken zu entwickeln, dabei Stadt, Land, Befestigungen, Jahreszeit, Witterung und Stunde für den Angriff zu prüfen, haben die eigenen Soldaten zu ermuntern und ihren Siegeswillen vor der Schlacht zu heben, die Staatsmänner müssen Verbündete gewinnen und zusammenhalten, versuchen, die Feinde zu spalten und einander zu Feinden zu machen. Nicht die Maschinen führen den Krieg, der Mensch führt ihn, indem er sie führt, sie sind die Instrumente, er handelt. Dabei ist es immer noch geblieben und wird es bleiben.

Eine andere Frage, ob der Krieg an sich etwas Schlechtes sei: Ich halte dafür, daß er, wie die Welt, wie das Leben, wie das Alter, wie die Jugend, wie das weibliche, wie das männliche Geschlecht, wie der Zustand der Ehe oder der der Einsamkeit, wie der Rausch oder die Nüchternheit, wie Politik oder Handel nicht an sich gut oder schlecht ist, sondern ein Feld, auf dem sich das Gute und Schlechte ereignet. Es gibt dort Tapferkeit, Mut und Feigheit, Mitleid und Grausamkeit, Edelmut und Gemeinheit und so alle menschlichen Tugenden und Schwächen durch die Reihe – nur vielleicht als starkes Konzentrat.

15

Eine fast friedliche Geschichte erzählt uns ein Grieche, nachdem er zehn Tage für tot geglaubt und auf dem Scheiterhaufen, auf den er zur Bestattung schon gelegt war, wieder erwacht ist: Nachdem seine Seele ausgefahren, sei er an einen wunderbaren Ort gekommen, wo Richter allen Eintreffenden ihren Weg gewiesen hätten, den einen zum Himmel, den anderen zur Hölle. Von dorther seien auch solche zurückgekommen, welche tausend Jahre dort verbracht, um ihren Lohn oder ihre Strafe zu erhalten. Diese seien nun zur Lachesis geführt worden, um sich ein neues sterbliches Leben zu wählen. Man habe die Umrisse der Lebensweisen vor ihnen auf dem Boden ausgebreitet, und jeder habe sich aus der großen Anzahl für eine entscheiden müssen.

Der erste sei gleich drauflos und habe sich ein mächtiges Tyrannendasein ausgesucht, ohne die Schrecken zu bedenken, die ihm damit verbunden sein sollten. Die meisten hätten nach der Erfahrung ihres früheren Lebens gewählt. So habe er gesehen, wie die Seele des Orpheus ein Schwanenleben sich wählte, indem sie aus Haß gegen das weibliche Geschlecht, durch das Orpheus doch hatte sterben müssen, nicht noch einmal vom Weibe geboren werden wollte. Die Seele des Thamyris habe eine Nachtigall gewählt, und manche Tiere hätten sich zum menschlichen

Leben umgewendet. Agamemnon wollte aus Haß gegen das Menschengeschlecht ein Adler sein und Thersites ein Affe. Die Seele des Odysseus habe sich, im Angedenken der früheren Mühen, ein von Staatsgeschäften entferntes Leben gesucht.

Nachdem nun alle gewählt und die Schicksalsgöttinnen ihr zukünftiges Los besiegelt hätten, seien sie durch furchtbare Hitze und Qualen in das Gefilde der Lethe gekommen, entblößt von Bäumen und allem, was die Erde trägt. Dort hätten sie vom Wasser der Sorglosigkeit getrunken und seien, alles Frühere vergessend, in ihr neues Leben getreten. Er selbst habe bei allem nur zuschauen dürfen, man habe ihm aufgetragen, in der Welt davon Bericht zu geben. Auf welche Weise er wieder zu seinem Leib gekommen, wisse er nicht, nur, daß er plötzlich, des Morgens aufschauend, sich schon auf dem Scheiterhaufen liegend gefunden habe.

So und noch schöner steht es beim Plato. Was also, wenn uns zuweilen dünkt, wir könnten mit dieser irdischen Welt auch nach dem Tode noch nicht für alle Zeiten fertig sein, wir wären weiterhin ein Teil von ihr und müßten, auf welche Weise immer, in ihr fortwirken, und ein Ende wäre in diesem Tun für uns nicht abzusehen. Dann in der Tat wäre es schrecklich, sich vorzustellen, es gäbe keine Menschen mehr in dieser Welt, vielleicht auch keine Tiere, und wir müßten auf das Treiben der toten Materie unser künftiges Wirken richten, könnten also auch nur noch als eine solche in Erscheinung treten. Welch dumpfer, schwarzer Gedanke, bei der Lachesis zu stehen – vor einer so geschrumpften Auswahl an künftigen Lebensweisen – und sich entscheiden zu müssen. Selbst die Götter Ovids wären betroffen:

> Est tamen humani generis iactura dolori
> Omnibus et, quae sit terrae mortalibus orbae

> Forma futura, rogant, quis sit laturus in aras
> Tura, – –

In dieser unheilvollen Lage, in die uns der Mythos ganz ohne Absicht gebracht hat, sollten wir allerdings fragen, ob denn in Lethes Reich wohl dieselbe Chronologie gelten könne wie hier auf der Erde; ob also, was hier nachher ist, auch dort nachher sein muß, und was hier vorher, auch dort vorher; ob die Umrisse der Lebensweisen, die der Prophet der Lachesis vor uns ausbreitet, nur aus einer solchen irdischen Epoche stammen können, die nach der unseres vorigen Lebens auf der Erde stattfindet. Sollten sie nicht eher ganz wahllos aus allen Zeiten und Räumen zusammengemischt sein? Welche Bedeutung hat in der Ewigkeit ein Früher oder Später unsres ach so endlichen Zeitgefühles? Ist einem Gott nicht alles Zeitliche nebeneinander und alles Räumliche ineinander? Das ist der eine Trost: Geht die Menschheit jetzt mit mir zugrunde, dann wähle ich mir zum nächsten Mal das Leben eines Tellos, den doch Solon dem Kroisos als den glücklichsten Menschen nannte – oder nein, besser noch das des Poplicola, dem dieser Titel, wie Plutarch meint, noch besser anstünde, weil er nicht nur ein zufriedenes, sondern auch ein im hohen Grade tätiges und wirksames Leben führte.

Der andere Trost, oder vielleicht nur die umgekehrte Formulierung des soeben Genannten, ist: Wenn die Welt eine Ewigkeit besteht, so müssen sich all die in ihr möglichen Konstellationen unendlich viele Male wiederholen. Denn ist eine Konstellation möglich, so gibt es eine wenn auch noch so kleine Wahrscheinlichkeit, unter der sie sich zusammenfindet. Möglichkeit und Wahrscheinlichkeit sind ihrer Qualität nach untrennbare Geschwister, und keine können wir uns ohne die andere denken. Nun ist der augenblickliche Zustand der Welt doch offensichtlich möglich – damit auch wahrscheinlich. Mag diese Wahrscheinlichkeit so klein sein, wie sie will, in der Ewigkeit wird sie doch ausreichen, diesen Zustand unendlich viele Male wiederkehren zu lassen. Hier könnte wohl der Logiker einwenden, es stünde der unendlichen Zahl von Zeitpunkten ja auch eine unendliche Zahl möglicher Konstellationen gegenüber und so sei nicht notwendig, daß, wenn zu jedem Zeitpunkt sich eine Konstellation zusammenfinde, dieselbe einmal wiederkehren müsse. Aber solche Zuordnungen gestattet wiederum der Mathematiker nicht, da er weiß, wie in diesen weitläufigen und dunstigen Gefilden die Logik uns ein ebenso unsicheres Gefährt ist wie die Phantasie und das Gefühl des Herzens. Wir wollen daher nicht dogmatisch sein, sondern nach der weisen Art des Epikur sagen: Einer endlosen Wiederholung unseres gegenwärtigen Zustands der Welt und auch unserer Geschichte steht nichts im Wege. Dasselbe sagt er übrigens für den unendlich großen Raum. Die Welten seien grenzenlos an Zahl, teils dieser hier ähnlich, teils unähnlich. Denn die endlose Zahl der Atome würde nicht verbraucht für eine einzige Welt noch für eine begrenzte Zahl von solchen, weder gleichen noch verschiedenen. Daher stünde einer endlosen Zahl von Welten nichts im Wege.

So betrachtet wäre es nicht endgültig, wenn uns selbst oder dem ganzen Menschengeschlecht das Leben einmal verströmte: Wir kommen wieder, als was es auch sei und scheinbar gar als dieselben – wir sind vielleicht schon da, in tausend anderen Welten.

Wenn ich jetzt nachdenke, erscheint mir ganz wunderlich, mit welcher Unbeschwertheit, Oberflächlichkeit und Eile ich hier die schwierigsten und gewagtesten Spekulationen über den ohnehin unsichersten Gegenstand unseres Geistes durchmesse. Zumal ich mir in diesen Dingen keine außergewöhnliche Kompetenz zuschreibe. Doch sollen diese Fetzen und Scherben einmal stehen bleiben, wenn nicht als ernste, abgeschlossene Gedanken, vielleicht als Bilder, die in einem reiferen Geist zu solchen werden könnten.

Mein Leichtsinn rührt nicht zuletzt daher, daß mir selbst die Sache einigermaßen einfach und unverwickelt erscheint, obwohl ich zugeben muß, keine Darstellung und Methode finden zu können, dies auch in Allgemeinheit glaubhaft mitzuteilen. Um an die Unsterblichkeit unserer Seele zu glauben, genügt mir die bloße Vorstellung, es sei ein ewiges Leben, zu dem die Ereignisse des jetzigen nur in untergeordnetem Verhältnis stünden, etwas Vollkommeneres und Großartigeres, als wenn alles nur auf ein Hier und Jetzt beschränkt bliebe. Allein der Gedanke, es könne der erhabene Geist Goethes im Jahre 1832 zu nichts zerflossen sein, ist meinem Gefühl eine gänzliche Unmöglichkeit, und ich darf auf ein wenig Mitgefühl hoffen bei dem, der sich unter den Verstorbenen diejenigen zu gegenwärtigen sucht, die ihm die wertesten und liebsten waren. Ihm muß doch schwerfallen, sein Herz mit einem kalten Verstande zu überreden, es sei von diesen wunderbaren Wesen nichts mehr übrig als ein Häufchen Staub und etwas Erinnerung in den noch lebenden Gemütern. Verstandesreden dieser Art gäbe es wohl genug, aber greifen sie nicht nur bei dem, der sich schnell betäuben läßt, nicht weiter denkt und sein Gefühl nicht achtet? Sonst müßte er in die Waage legen, wie gerne man im Geiste mit den Verstorbenen plaudert, ihren Rat, ihre Meinung anfrägt und sich auch ständig von ihnen beobachtet und beurteilt fühlt. Wie könnte das mit Vernunft geschehen, wenn es die Toten gar nicht gäbe? Aber gerade im Gespräch mit ihnen sind wir meist am vernünftigsten, suchen ihnen zu gefallen, die doch – von irdischem Geschick entbunden den Göttern näher stehend – eine weisere Auffassung der Dinge haben müssen.

Eine höhere Einsicht wird uns und ganz natürlich im

Traume zuteil, wo die Verstorbenen begegnen wie die Lebenden, ohne Unterschied der Zeit und des Alters. Wenn man bei Tage tüchtig Plato liest, ist es nicht schwer, bei Nacht mit dem wahrhaftigen Sokrates ein schönes philosophisches Gespräch zu führen, mag auch der hohe Sinn desselben am andern Tag kaum mehr erinnert werden. Die Gegenwart des lebendigen Sokrates und die Freude an den wunderbaren Erkenntnissen, wie sie im Wachen kaum je so strahlend empfunden wird, beides ist im Traume völlige Wirklichkeit und dieser insofern als ein höherer Zustand der Seele zu bezeichnen.

Wenn die Philosophen bis jetzt beschworen, man dürfe nichts für die Wahrheit nehmen, das nur sein soll, sondern müsse alles nach den strengsten Regeln des Verstandes und der Vernunft prüfen, ob es auch einen unumstößlichen Beweis geben könne, daß es ist, so geschieht mir ganz das Entgegengesetzte: Ich will nichts hören von Beweisen, daß etwas ist. – Der findige und spitzfindige Geist skeptischer Philosophen, und nicht zuletzt mein eigener, zeigt mir mit Leichtigkeit zu jedem Ding ein Gegenteil, zu jeder Ansicht eine Antithese. Beweise sind nichts als Schmeicheleien des Geistes, mit denen er eine Auffassung, die sich in unserem Gemüte bereits eingenistet, bestätigen und loben will – auch, um sich selbst damit hervorzutun. Zum Gegenteil der Gemütsauffassung wird uns kein Beweis jemals überreden können, schon gar nicht in Fragen, ob es einen Gott gebe oder ein ewiges Leben. Darum habe ich für mich die Frage nach dem Sein gänzlich durch die Frage nach dem Sinn ersetzt: Scheint mir die Vorstellung im Gemüte sinnvoll und schön, daß ein Gott und ein ewiges Leben sein müsse, nun so seien die beiden, und ich werde die sämtlichen Kräfte meines Geistes daransetzen, dem Gemüte mit Beweisen zu schmeicheln – nicht um es der Wirklichkeit seiner Vorstellung zu versichern, sondern der Schönheit und des Sinnvollen. Um vieles erfreulicher und daher leichter ist es nämlich, an das Schöne und Nützliche zu glauben – und eben durch den Glauben wird es zur Wahrheit schließlich von selbst.

Da ich nun von einigen Menschen und von der menschlichen Seele überhaupt eine hohe Meinung habe und da mir Vergängliches unbedeutender zu sein scheint als das Unvergängliche, so muß, nach dem zuvor Gesagten, meinem Gemüt zwangsläufig näherstehen, an die Unsterblichkeit unserer Seele zu glauben. Ein Maulwurf, der nur vor seine Nase sieht, mag mir zufrieden sein in der Vorstellung, er ginge mit dem Tode ins Nichts, in die Nacht aller Sinne und allen Geistes – war doch die Dunkelheit bereits das Element seines Lebens. Aber der Sehnsüchtige, dem das Auge niemals weit genug reicht, der aus den freizügigen Händen der Vollkommenheit keinen Schlaftrunk entgegennimmt aus Furcht, sie könne ihn beschlummern, um sich dann davonzumachen, der wird nicht zulassen, daß man ihn, nach einem immer halbfertigen Leben, in einen Abgrund ohne Ende stößt, in einem gestaltlosen Sumpf erwürgt und erstickt. Er wird sich das ewige Leben nötigenfalls selbst nehmen, in Gedanken es schaffend und mit Wille und unbeirrbarem Glauben sich aneignend. Legt man ihm gar beide Möglichkeiten zur Auswahl, die Düsternis und das Licht, eine Lehre und Theorie für den ewigen Tod, eine für das ewige Leben – wie jedem von uns mit Vielfältigkeit geschieht –, so wird er sich ohne Zögern zum Schöneren und Glänzenderen hinneigen. Wenn auf dem Markt ein Händler Tomaten auslegt, faule schwarze und prangende rote und beide verschenkend, allein für die Mühe des Abholens – wäre da nicht ein Schelm, der sich auf die faulen stürzte? Wozu sollten ihm diese nützen, außer zu stänkern und andere Leute zu beschmutzen? So, scheint mir, könnte es auch um diejenigen stehen, welche an den Augenblick statt an die Ewigkeit, an den Tod statt an die Unsterblichkeit der Seele glauben.

Übrigens ist beides eine bloße Frage der Übung: Als Kind glaubte ich an die Unsterblichkeit, weil man es mir so beigebracht und ich keinen guten Grund daran zu zweifeln hatte. Als Jüngling übte ich mich tüchtig im Aufnehmen und Festhalten all dessen, was unserer Religion und Tradition widersprach, und nichts schien mir damals gewisser, als daß nach dem Tode alles zu Ende und demnach auf dieses Leben sämtliches Gewicht zu setzen sei. Dann mit den Lehren der Philosophie, nach Vertrautwerden mit großen Männern aller Zeiten und ihren Werken, begann sich die Bedeutung unserer Verhältnisse sehr bald über das einzelne Leben hinauszudehnen, und aus Jahrhunderten, Jahrtausenden wurde unvermerkt die Ewigkeit. Würde ich heute aufhören, über die Angelegenheiten der Unsterblichkeit nachzudenken und mich statt dessen ausschließlich den Geschäften des Tages widmen, ich zweifle keinen Augenblick, daß nach wenigen Jahren niemand zu finden wäre, der hartnäckiger an die ewige Finsternis und wegwerfender an das Leben nach dem Tode glaubte als ich.

16

Ich will wieder zu irdischen Betrachtungen zurückkehren. Die Sorge um das Fortbestehen der Menschheit ist nicht notwendig nur eine Sorge des einzelnen um den Verbleib seiner privaten und öffentlichen Hinterlassenschaft, seines Vermögens, seiner Nachkommen, seiner politischen und seiner geistigen Werke, seines Ruhms. Auch allgemeinere Gedanken und Gefühle können uns schrecken oder wehmütig stimmen. Kennen wir nicht zuweilen eine Art Verliebtheit in die Natur und all ihre tausendfältigen Gestalten? Als ich einmal auf dem Markt einen Steinschleifer sah, war ich ergriffen von dem bunten Leben, der spielenden Vielfalt, welche dieser Mann, durch einfaches Sägen und Schleifen, aus den unansehnlichsten Brocken hervorzuzaubern wußte. Höchste Ordnung schien in diesen Mineralien mit freiester, Leben sprühender Willkür vollkommen vereint; kunstvolle Bewegung der Struktur und Leuchtkraft der Farbringe ließen eher auf einen innewohnenden schöpferischen Geist schließen als auf tote Materie. Andere Arten faszinieren uns auf ihre Weise nicht weniger: Diamanten, Opale, Saphire sind Symbole unerschütterlicher Klarheit und Reinheit. Wenn aus einem dichtbewaldeten Hang nur ein blanker Fels hervorspringt, kommt schon Ahnung über uns von ewiger Kraft und Gewalt, die dann im hohen Bergmassiv ihr erhabenes Denkmal findet. Den schönen, tief in unser Inneres rührenden Anblick, den uns ein Tier gewährt, das Reh, der starke Löwe, diese alten, überreichen Bilder, wo sich jeder Zug unseres Gemüts wie in einem Spiegel betrachten kann. Was wäre noch alles bei den Dichtern oder gar in der Natur selbst an Beispielen aufzuspüren. Werden wir bei alldem nicht manchmal von so warmer Liebe zu den Wundern der Schöpfung erfaßt, daß der Gedanke, eine einzige Gattung aus diesem prächtigen Garten könnte untergehen und künftig darin fehlen, schmerzlicher vorzustellen ist, als trennte man eines unserer Glieder? Und wenn nun erst die großartigste Gattung dieses Wunderreiches, der Mensch, mit all seiner Schönheit, des Körpers, des Geistes und seiner Werke, mit all seinen großen Taten und Gesinnungen, zu denen er fähig war und ist, wenn dieses höchste Wesen untergehen sollte – muß davon nicht die Vorstellung besonders schmerzlich sein; so wie das Aussterben einer farbenprächtigen Vogelart uns weit mehr Kummer macht als das irgendwelcher Mücken, die wir ohnehin nur bemerken, wenn sie da sind, nämlich als Plage. Was wäre diese schöne Welt ohne ihre, zwar zuweilen dornige und verderbliche, aber doch alles überstrahlende Krone, wo wäre denkendes Schaffen und Betrachten, wo echte Freude und Genuß?

Doch alle Liebe hat auch Schmerz und Wehmut: in der Trennung vom Geliebten. Dies ist so notwendig wie der positiven elektrischen Ladung die negative, wie dem magnetischen Nordpol der magnetische Südpol. Könnten wir die Dinge der Welt nicht lieben, würden wir sie nur hinnehmen, dann bräuchten wir über ihren Verlust keine Schmerzen zu empfinden, auch ihn würden wir nur hinnehmen. Wie aber diese Liebe zur Menschheit in uns, vielleicht oft unbewußt, sehr groß ist, so der Schmerz des vorgestellten Verlustes; und auch der wird eher dumpf und unheimlich als klar und stechend empfunden – doch deswegen nicht weniger groß. Vorstellung der Phantasie bleibt dieser Verlust immer, denn wir können den Untergang der Menschheit – vielleicht eine göttliche Vorsehung – niemals erleben.

17

Von allem lieben wir am meisten unsere eigene Kultur. In diesem großen Gebäude finden wir überall unsere Wesen repräsentiert, und alles, was an Kraft und Tat aus uns fließt, geben wir darein, um an seiner Erhaltung, Renovierung und Ausschmückung mitzuwirken. Was an uns nur Bildung ist, und das soll nicht wenig sein, verdanken wir diesem Gebilde. Unsre Sprache, unsre Kinderstube, unser Wissen und Können machen uns mehr zu Menschen als die biologische Gattungszugehörigkeit. Sie ermöglichen erst, unsere besonderen Gemeinsamkeiten überhaupt wahrzunehmen, sie sind selbst diese Gemeinsamkeiten. Was wäre so ein ursprüngliches menschliches Gefühl ohne jede Verfälschung durch diese künstlichen Regeln? – Nur grober Unfug. Der Mensch denkt und fühlt in den überkommenen gewohnten Formen. Selbst seine originellsten und selbständigsten, feurigsten Einfälle können nur in diesen vorhandenen Bahnen verströmen. Nicht viel anders als der Gebirgsbach, der uns doch die Frische selbst scheint. Auch er hat nur die trägen, fast starren Formen der vorgegebenen Felsenklüfte, um sich auszuleben, um seiner Intuition Luft zu machen. Ohne diesen steinigen Grund wäre er kein Bach, ja nicht einmal Regen, denn nichts wäre, das ihn anzöge, zusammenhielte und lenkte. Das Wasser müßte beziehungslos, verloren, ohne Ziel umherirren. So das ursprüngliche, natürliche Gefühl im Menschen, hätte es keine Form und keinen Zwang, die es selbst formten und in die Bahn wiesen. Wir fühlen uns nicht wohl, oder wir sind glücklich: Vom ersten Augenblick, da wir etwas davon bemerken, beginnt unser Geist, das unbestimmte Gefühl in Worte zu fassen, also in die künstlichen Bahnen unserer Kultur zu leiten. Was aber haben, vom Standpunkt der Natur, Worte mit Gefühlen zu tun? Sind es doch nur Symbole und Stellvertreter der wahren Ursprünglichkeit. – Vom Standpunkt des Menschen ist die Natur eben nichts, wo sie nicht durch den längst vorgefertigten, übernommenen und nur wenig veränderbaren Raster unserer Kultur betrachtet wird. Dabei ist die Sprache nur der Anfang, die Luft zum Atmen, um das eigentliche Menschendasein anzupacken. In allen Erkenntnissen und Künsten, Bauwerken und Maschinen unseres Kulturkreises steckt ein Teil von uns selbst, weil alles von gleich erzogenen, gleich denkenden Menschen geschaffen wurde. Hier treffen wir überall Bekanntes, in Gesinnungen wie in Taten, in Eintracht wie in Feindseligkeit. Und daran freuen wir uns. Denn was uns ähnlich ist, können wir erkennen, und Erkenntnis macht immer glücklich. Alles Menschliche ist uns am nächsten verwandt, darum lieben wir es am meisten – und selbst die Natur lieben wir nur nach menschlichen Begriffen: die Rose mehr als das Bruchkraut, den Laubfrosch mehr als die Kröte; und wo dies einmal umgekehrt sein soll, muß zuerst ein findiger Dichter oder Praktiker mit menschlichen Gründen und Metaphern uns vorsingen.

An allem Menschlichen hängen wir und freuen uns der ungezählten Übereinstimmungen, die darin wirken. Das bleibt nicht auf die Gegenwart beschränkt. In meiner Liebe zum Alten lasse ich mich oft zu noch größerer Freude hinreißen, sehe ich Taten, Empfindungen und Denkweisen großer, edler Menschen aus der Vergangenheit in unseren Zeiten gespiegelt. Höre ich einen Nachbarn mit seinen eigenen Worten sagen, was auch im Plutarch steht und schon Sokrates sagte, und das geschieht nicht selten, dann ist mir die Welt wieder heil. Sehe ich einen jungen Mann mit ebenso frischem Geist und voller Energie an seine Geschäfte gehen, wie einst Alexander nach Asien ging, dann wird mir erst ganz deutlich, daß wir, im Guten wie im Schlechten, mit unsrer so neuen und einzigartigen Epoche gar nicht alleine sind, sondern in bester Gesellschaft mit den vergangenen und daher voraussichtlich auch mit den kommenden Zeiten. Ungeachtet aller Epidemien von Pessimismus und politischer wie philosophischer Hypochondrie halten ja die meisten sogar ihre eigene Zeit für die weiseste, weil durch die vielen Aufklärungen der Vergangenheit die Menschheit doch beständig fortgeschritten sei und jetzt auf eine lange Erfahrung und auf all die früheren Fehler zurückblicken könne. Ich neige, mehr aus Liebhaberei denn aus Einsicht, eher zum Gegenteil und sehe in früheren Zeiten schönere und größere Menschenwerke. Die Alten scheinen mir ursprünglicheres, helleres, gleichsam schon gereinigtes Licht auszustrahlen, welches in unseren Taten doch nur getrübter widerscheinen kann. So muß der größere Ruhm wohl ihnen gebühren. Andererseits besitzt das Gegenwärtige den Glanz und die Frische des Lebens, was ein nicht geringes Gegengewicht zur Größe der Alten auf die Waage legt. Letztlich entscheidet wohl die Sympathie. In Wahrheit ist jeder Tag so neu und jungfräulich, wie es der gestrige war, und ohne Vorurteile bereit, unsere Werke zu empfangen. Er will neu bestanden sein und bietet uns nicht weniger Gelegenheit zu großen Taten oder wenigstens zu einer anständigen Lebensführung wie jeder andere Tag in der Geschichte. Was wir von Cato, Cäsar, Napoleon wissen, kann uns nicht viel dabei helfen – sie hatten andere Tage zu bestehen und andere Umstände. Nur Beispiele großer und edler Gesinnung haben sie hinterlassen, nur das hohe Ziel, nicht den Weg dorthin.

18

Die Kultur ist ein großes, träges Tier, und dennoch schreitet sie voran und wandelt sich, oft in kleinen, unmerklichen Schritten. Auch sie ist ein Kind der Vergänglichkeit. Wir aber, aus lauter Liebe und Anhänglichkeit, wollen das nicht wahrhaben und hoffen heimlich auf ihre Dauer. Wenn nur sie fortbesteht, denken wir, so ist auch ein guter, vielleicht der beste Teil von uns selbst über den Tod hinaus gerettet. Wenn dann noch Menschen denken und fühlen wie wir, vertraute Sprachen sprechen, Land bebauen, alte und neue Kunstschätze und manche anderen Errungenschaften verehren, dann werden wir einst ruhig zum letzten Schlaf uns niederlegen. Wie gerne sehen wir, wenn unsere Kinder das Wissen und das bißchen Weisheit, unsere Habseligkeiten, alles, was wir übernommen und erworben haben, nun ihrerseits wieder übernehmen und sich zu eigen machen. Welchen Eifer zeigen wir, daß sie wenigstens so gut gebildet, wenigstens so wohlhabend sein werden wie wir. Und haben wir keine eigenen Kinder, nehmen wir fremde an, nur um unsere Güter fortzupflanzen.

Trotzdem sind diese Dinge, die wir hier als Teil von uns in die Ewigkeit zu retten glauben, im Grunde nicht mehr als der Hausrat, die Bildung und die Titel, welche, ihrem irdischen Wesen gemäß schon unbeständig, spätestens der Tod uns nimmt. Was in unserem Kulturkreis fortlebt, ist nur unsere persönliche Habe in einer allgemeinen Form, gewissermaßen deren Verlängerung, aber deswegen doch nicht von der rauhen Witterung der Zeit verschont: Die Häuser und Denkmäler zerfallen, die Handwerkskünste veralten, Sprachen wandeln sich – dazu Horaz:

> Ut silvae foliis pronos mutantur in annos,
> Prima cadunt: ita verborum vetus interit aetas,
> Et iuvenum ritu florent modo nata vigentque.
> Debemur morti nos nostraque: sive receptus
> Terra Neptunus classes Aquilonibus arcet,
> Regis opus, sterilisve diu palus aptaque remis
> Vicinas urbes alit et grave sentit aratrum.
> Seu cursum mutavit iniquum frugibus amnis
> Doctus iter melius: mortalia facta peribunt,
> Nedum sermonum stet honos et gratia vivax.
> Multa renascentur quae iam cecidere cadentque
> Quae nunc sunt in honore vocabula, si volet usus,
> Quem penes arbitrium est et ius et norma loquendi.

Und unsere Übertragung:

> Wie das Laub des Waldes wechselt im Hingang der Jahre,
> Fällt doch das frühe: so verschwindet ein älter Geschlecht von Worten;

Doch wie Jünglinge blühen und strahlen die eben
Geborenen.
Hab und Seel sind dem Tode bestimmt: ob ein
Erdwall die Flotten
Schützt vor den Winden des Nordens, gefangener
Neptun im Hafen.
Werk eines Königs, ob endlich ein fruchtbarer
Sumpf anstatt Rudern
Fühlt die Schwere des Pflugs und Nachbarstädte
ernährt,
Ob ein Fluß seinen Lauf, der die Feldfrucht
bedrohte, nun ändert,
Belehrt eines Besseren: Sterblicher Werke müssen
vergehen.
Sollten da Worte sich ewig halten in Ehre und
Ansehn.
Worte kommen wieder hervor, die längst schon
versunken,
Andere sterben, die jetzt noch in Ehren, nach
Laune des Brauches.
Dessen Urteil und Recht und Regel die Sprache
bestimmt.

Die Ordnungen der Staaten und selbst die Religionen gehen unter. Warum nicht eines Tages unsere gesamte westliche Kultur? Kein Wort mehr davon! Dieses Klagelied wird allzu oft von uns angestimmt. Ich komme lieber von einer anderen Seite: Wir hängen unser Herz zu sehr an die Dinge der Vergänglichkeit. Nicht als ob sie nicht verdienten, geliebt und festgehalten zu werden; aber eben nicht mehr und nicht anders als ihnen zukommt. Wir hingegen lieben sie erst, nachdem wir sie eingefroren, eingepökelt und eingedünstet haben, wir geizen, sie dem Augenblick zu schenken, wir lieben ihre Zukunft mehr als ihre Gegenwart. Indem wir alles konservieren, wähnen wir, das Jetzt in die Zukunft zu retten, ihm Dauer zu verschaffen, seine Vergänglichkeit abzuschütteln.

Was wir in dieser Welt erwerben können, an Geld und Geist, wird einmal zunichte sein. Es sind Dinge von relativer Dauer, und so müssen wir sie nehmen und schätzen, anstatt die ersehnte Ewigkeit ihnen anzudichten. Freuen wir uns an einem ordentlich gedeckten Tisch, an den unerschöpflichen Raffinessen der Elektrizität, an unseren Autos und Flugzeugen. Sie machen uns nicht glücklicher und sicher nicht weiser als unsere Ahnen waren, aber jedes Zeitalter hat seinen Spielraum und schöpft ihn aus. Gehen wir dabei nicht immer vernünftig zu Werke, ist dies wie jeher zu tadeln und eine Besserung anzustreben. Erschrekken oder gar daran verzweifeln sollten wir jedoch nicht, vielmehr den unvollkommenen Charakter der Menschheit darin erkennen, welcher unsere Vorfahren zu ihrer Zeit nicht weniger plagte als heute uns. Jede Handlung des Menschen arbeitet irgendwelchen seiner Bedürfnisse entgegen. Tut er zuwenig, so schwindet seine Existenz an der Armut; tut er genug und mehr, wird er zum Ziel des Neides und wird bedroht von anderen, unabsehbaren Folgen seines Wohlstandes. Daran darf einem nicht irre werden. Genießen wir lieber die Früchte der Gegenwart so gut und klug wir können. Aber hüten wir uns, in ihnen die Qualität der Beständigkeit zu suchen. Lassen wir uns die Tafel nicht verderben von der Angst, sie könnte einmal magerer gedeckt sein, den warmen Winterabend nicht von der Unruhe, es könnte das Feuer im Ofen einmal erlöschen. Die Natur wird uns dann schon rechtzeitig an die neuen Umstände gewöhnen, sie ist darin eine unübertroffene, unfehlbare Schulmeisterin. Lassen wir uns die Unternehmungslust bei der Arbeit wie auf Reisen nicht schmälern, weil die Maschinen vielleicht einmal verstummen könnten – dann werden wir wieder andere Dinge unternehmen. Soll uns um all dies bei Tag und Nacht der Angstschweiß im Genick und in den Achseln triefen?

> An vigilare metu exanimem, noctesque diesque
> formidare malos fures, incendia, servos
> ne te compilent fugientes, hoc iuvat?

19

Wir bangen im großen wie im kleinen, im Geschick der Menschheit wie in unserem eigenen, um die Zukunft von Dingen, die sich auf lange Zeit doch nicht halten lassen, anstatt uns an ihrer Gegenwart zu erfreuen, oder vielmehr daran, daß sie überhaupt einmal ins Licht des Tages und des Lebens getreten sind.

Ein wunderliches Los! Was wir sammeln, festhalten und horten können, die irdischen Güter, Macht, Gelehrsamkeit, sind eben die unsichersten, weil das Schicksal sie in jedem Augenblick zu entreißen vermag – ganz sicher wird der Tod es tun. Dagegen, was wir niemals erwerben können, niemals anhäufen und niemals uns darauf setzen, wie auf einen Sack voll Gold, um uns auszuruhn: die Liebe, die Tugend, die Weisheit, alles, worum wir uns in jedem Augenblick aufs neue bemühen müssen, um die hellen Strahlen zu genießen, eben dies scheint vom Schicksal und wohl selbst vom Tode nicht Gefahr zu leiden. Die Umstände können die Geliebte entreißen, aber die Liebe muß in uns selbst erlöschen, kein Tyrann der Welt kann dieses Flämmchen ausblasen. Ja, die Unvergänglichkeit der Liebe wird erst vollends deutlich, wenn der Tod der allmählichen Ermattung und Verstumpfung unseres Herzens zuvorkommt, um die Liebenden direkt vom Gipfel des irdischen Glückes in noch höhere Gefilde zu entführen. Dann nur bleibt dieser wahrhaftigste aller Träume von allen gemeinen Trübungen verschont: wie etwa Romeo und Julien geschehen. Was könnte einen schönen Gedanken, eine Einsicht, die ganz unerwartet in uns aufleuchtet, verhindern, was kann sie vertilgen, wenn nicht unsere eigene Trägheit, durch die wir bald einen steifen, eingelernten, toten Spruch daraus formen. Der gute Gedanke lebt nicht davon, daß er aufgeschrieben und erhalten, sondern daß er einmal gedacht wird – und dazu genügt uns tatsächlich ein einziges Mal. Alles andere sind Formalitäten, und ein zum zweitenmal gedachter Gedanke ist bereits ein ganz anderer, völlig neuer. Wer nur weiß, was in etwa ein wahrer Gedanke sein soll, und darunter nicht das mechanische Nachmemorieren, unsere hauptsächliche Alltagsbeschäftigung, versteht, wird es leicht einsehen.

Wo ein Mensch sein ganzes Leben in die Schanze schlägt, um Frau und Kind aus dem Feuer zu retten, den greisen Vater auf den Schultern zu tragen, um eine Tat zu vollbringen, die ihm mehr bedeutet als alle sonst möglicherweise noch vergönnten Tage,

> Est hic, est animus lucis contemptor et istum
> Qui vita bene credat emi, quo tendis, honorem,

hat er da nicht seine Tugend über den Tod und das Schicksal erhoben? Kann diese Tugend, die ihren höchsten Ausdruck in eben dieser Tat und in der Verachtung des Todes findet, von diesem oder irgendeiner anderen Macht beschnitten werden? Nein, mit leichten Schwingen hebt sie sich in Sphären, wohin nicht Tod noch Schicksal, ja nicht einmal der launische irdische Ruhm ihr folgt.

20

Leben heißt immer handeln. Und tüchtiges Leben heißt produktiv handeln. Wer nur zagt und bremst oder überall nein sagt, taugt hier nicht, ist ein lästiger Klotz am Bein, eine Pestbeule den wirkenden, strebenden Kräften, ein übelriechender Auswurf der Natur. Aber Handeln bedeutet immer auch Gefahr. Wem Sicherheit höchstes Lebensziel ist, bleibt feige ruhig in seiner Höhle und ist darum doch nicht weniger den Schlingen des Lebens ausgesetzt. Der gefährlichste Ort für den Menschen ist das Bett – darin nämlich sterben die meisten: ein gemeiner Spruch, der nichtsdestoweniger ernst zu nehmen ist, weil durch Trägheit und übertriebene Vorsicht der Mensch sich wenigstens soviel Übel zuzieht wie durch Übermut. Dennoch: Jeder läuft geradewegs in den Tod: der eine zitternd, der andere nichts merkend, mit Sorgen des Lebens anstatt des Todes beschäftigt. Im Spiel, im Handel, in der Politik, im Krieg, überall gilt das einheitliche Gesetz: Je größer der Einsatz und das Risiko, desto größer der mögliche Gewinn. Welche Millionen Opfer des Elends und der Qual waren nicht nötig zu den Grundmauern so großer, neuer Ordnungen, wie sie von Peter dem Großen oder Mao Tse-tung geschaffen wurden. Sollten hier die Völker Reue empfinden, als wären diese Fortschritte zu hoch bezahlt? Das könnte nur einer kleinen Krämerseele einfallen. Die Menschen sterben, ob sie ihr Leben einsetzen oder nicht – aber leben, d. h. richtig leben, nicht bloß vegetieren, werden sie nur, wo sie dieser Einsatz nicht gereut. Die Griechen hielten den höchsten denkbaren Einsatz: Sie setzten ihr Leben, ihr Volk, ihre Kultur, ihren Ruhm – und eben deswegen konnten sie den höchsten Grad an Leben erfahren, und zwar nicht etwa nach dem Sieg, sondern gerade vor und während des Kampfes, als der Ausgang noch völlig im dunkeln lag. Die Sänger steuerten nach ihren Kräften das Mögliche bei und begleiteten mit alten und neuen Heldenliedern die Geschehnisse. Die geistigen Vertreter unsrer Zeit bekommen schon Bauchweh, wenn sie nur aus dem Fenster sehen, auf eine Welt, mit der sie nichts Rechtes anzufangen wissen, von der sie überfordert werden. Aber dieses Bauchweh und ängstliche Zuhausebleiben macht sie immer noch schwächer und unfähiger, mit der Welt zurechtzukommen. Alles ist ihnen krank und unrettbar verloren; dabei ist nur ihre eigene Seele krank: Wenn ich durch trübe Gläser die Welt betrachte, erscheint sie mir trübe. Hört man das ewige Jammerlied von der Wurzellosigkeit und Seinsvergessenheit des modernen Menschen, man könnte selbst den Katzenjammer kriegen. Sehen wir uns doch lieber die Alten an, was sie in ihren Köpfen hatten, wie sie umherzogen, die Griechen vor allen, heimatlos, uferlos, nichts als Handel und Händel im Sinn, selbst mit den Göttern. Haben sie deswegen nicht gelebt, so gut oder so schlecht wie ein Mensch leben kann? So werden das auch wir tun, und die Masse wird nicht viel darüber nachsinnen. Sollte die Menschheit einmal untergehen, wird sie dieser Fragen enthoben sein, sollte sie nicht, wird sie im wesentlichen weiterleben wie bisher. Aber wie kleinherzig ist es, über ihr Ende nachzudenken – nicht anders, als wenn der einzelne Mensch sein Lebtag darüber sänne, wann und woran er wohl einmal sterben müsse.

> Doch er steht männlich an dem Steuer:
> Mit dem Schiffe spielen Wind und Wellen,
> Wind und Wellen nicht mit seinem Herzen.
> Herrschend blickt er auf die grimme Tiefe
> und vertraut, scheiternd oder landend,
> Seinen Göttern,
>   *sagt Goethe.*

21

Freilich wird man einwenden, den Griechen sei die Gefahr von außen zugekommen, wir würden sie uns selbst erzeugen in unsrer Unersättlichkeit. Ist aber das Leben nicht in sich schon gefährlich? – Nur schaut man der Gefahr ins Auge, wenn man nicht leblos darin verharren will, bis man von selbst stirbt, an Schwäche und mangelnder Bewegung; wenn man sich aufmacht zu großen Taten, die Natur erkundet und sich nutzbar macht, sich rüstet und sich zu behaupten sucht, gegen Widersacher aus Wind und Wetter, Seuchen und Schädlingen und aus Feindesland. Wieviel Gefahren birgt jeder Haus-, jeder Brückenbau, jeder Tunnel, jeder Stollen, jeder Umgang mit Maschinen – und erst mit Menschen. Ist das Reisen heute weniger gefährlich, wo Unfälle die Überfälle würdig ersetzen. All diese Gefahr ist aber kein Grund, sich kleinmütig zu verkriechen, aus Angst vor einer Schramme oder aus Sorge um den Tod. Wohl ist Kleinmut das Gegenteil des Mutwillens und beides als ein Übel zu meiden. Vielleicht sollten wir keine Gefahren suchen um ihrer selbst willen, doch ihnen mutig entgegentreten, wo sie einen möglichen Gewinn versprechen.

> Trautester, könnten wir ja durch dieses Kampfes Vermeidung
> Immerdar fortblühn, unsterblich beid und unalternd,
> Weder ich selbst dann stellte mich unter die vordersten Kämpfer
> Noch ermuntert ich Dich zur männerehrenden Feldschlacht.
> Aber da gleichwohl drohn unzählbare Schrecken des Todes
> Rings und keiner entflieht der Sterblichen, noch sie vermeidet:

Auf, daß wir anderer Ruhm verherrlichen oder den unsern!

Daß der höchste Gewinn das höchste Risiko voraussetzt, ist kein Grund, nur noch auf Sparflamme zu kochen. Gerade diese birgt ja ihre eigene Gefahr: Sie wird vom leisesten Lüftchen ausgeblasen.

Auf den Untergang der Menschheit darf beim Abwägen unseres Handelns im Verhältnis nicht mehr Rücksicht genommen werden als sonst auf den Tod oder die Lebensgefahr des einzelnen. Absolut betrachtet freilich mehr, so wie für die Sicherheit einer Gemeinde oder eines Landes auch mehr Aufwand getrieben wird als für einen einzigen Bürger. Doch bilden wir uns darum nicht ein, der Gefahr entronnen zu sein. Wer lebt, schwebt in Todesgefahr, er mag noch so viele Vorkehrungen getroffen haben – das gilt für den einzelnen wie für die Gemeinschaft. Lassen wir uns darum auf dem eingeschlagenen Weg nicht irremachen. Bauen wir keine Brücke weniger, weil sie unter unseren Nachkommen vielleicht einstürzen und viele davon mit in den Abgrund reißen wird. Bauen wir sie, weil sie uns jetzt nötig erscheint, und reißen wir sie morgen wieder ein, wenn es dann die Umstände erfordern. Aber lassen wir uns nicht einschüchtern und lähmen von der Ungewißheit unsrer Zukunft. Stehen wir zu unsrer Kultur, wo sie uns gefällt, und arbeiten daran, wo wir unzufrieden sind; aber verleumden und schwächen wir sie nicht durch endlose Nörgelei und Lamentation. Ringen wir um sie, wie die Griechen, und veredeln sie dadurch, wie alles, um das mit Mühe und hohem Einsatz gerungen wird. Nicht, daß diese Kultur die einzig mögliche, wahre oder einer Entwicklung würdige sein muß; in ihren Geleisen fortzufahren lohnt vor allem deswegen, weil überhaupt nur durch entschiedenes Handeln, nicht durch Zaudern, einer Sache zu helfen ist. Dies finden wir trefflich ausgedrückt bei Descartes: Ma maxime était d'être le plus ferme et le plus résolu en mes actions que je pourrais, et de ne suivre pas moins constamment les opinions les plus douteuses, lorsque je m'y serais une fois déterminé, que si elles eussent été très assurées. Imitant en ceci les voyageurs qui, se trouvant égarés en quelque forêt, ne doivent pas errer en tournoyant, tantôt d'un côté, tantôt d'un autre, ni encore moins s'arrêter en une place, mais marcher toujours le plus droit qu'ils peuvent vers un même côté, et ne le changer point pour de faibles raisons, encore que ce n'ait peut-être été au commencement que le hasard seul qui les ait déterminés à le choisir: car, par ce moyen, s'ils ne vont justement où ils désirent, ils arriveront au moins à la fin quelque part, où vraisemblablement ils seront mieux que dans le milieu d'une forêt. Et ainsi, les actions de la vie ne souffrant souvent aucun délai, c'est une vérité très certaine que, lorsqu'il n'est pas en notre pouvoir de discerner les plus vraies opinions, nous devons suivre les plus probables; et même, qu'encore que nous ne remarquions point davantage de probabilité aux unes qu'aux autres, nous devons néantemoins nous déterminer à quelques-unes, et les considérer après, non plus comme douteuses, en tant qu'elles se rapportent à la pratique, mais comme très vraies et très certaines, à cause que la raison qui nous y a fait déterminer, se trouve telle.

Würde die Menschheit ihre vielen Anstrengungen, die sie heute auf das Bauen von Motoren, Fahrzeugen, Kranen, Instrumenten usw. verwendet, auf die Entwicklung etwa telepathischer und telekinetischer Fähigkeiten richten, ich hielte durchaus für möglich, daß ebenso erstauntliche und umfassende Wirkungen erzielt würden. Wo die Menschheit oder eine große Kultur an einem Strange zieht, entsteht ein bedeutendes, umfangreiches Werk. Dies mag durch eine Religion, etwa das Christentum, durch die Technik oder durch ein anderes Medium geschehen. Womöglich könnten wir, würden wir auf Zauberei uns legen, einen großen Bereich in dieser Kunst erobern. Wie ein Mensch des Mittelalters, setzte man ihn in unsere heutige Welt, uns sicher für Zauberer hielte und sich nicht bereden ließe, es ginge dies mit rechten Dingen zu, unsere Flugzeuge, Bomben, Funk- und Televisionsgeräte. Würde in der Medizin derselbe Eifer, der jetzt an Chemie und technische Apparaturen, statt dessen an Akupunktur und Hypnose gewandt, ich möchte nicht bezweifeln, daß die Erfolge mit den jetzigen Schritt halten könnten.

Man hüte sich aber vor der Illusion, alles zugleich besitzen zu können. Eine Kultur muß, wo sie stark sein will, in eine Richtung gehen. Sie darf Nebenflüsse in sich aufnehmen, aber nicht von ihnen aufgenommen oder von Hindernissen zerstreut werden. Wir können nicht Meister sensibler Seelenkräfte sein und zugleich die Natur auf unsere heutige Weise durch die Technik beherrschen. Selbst wenn einige heute in andere Richtungen gehen, wird dadurch nichts Großes und Bedeutendes geleistet. Einzelne sind stets schwach, sie mögen die größte Begabung zeigen. Homer wäre verschollen, wäre er nicht in der griechischen Kultur auf einen fruchtbaren Boden gefallen, hätten nicht Tausende ihn vorbereitet und Hunderttausende gepflegt. Freilich war er die Frucht, die große Spitze, aber ohne Gärtner und Genießer unmöglich. Um die höchsten Steine, die Dachreiter, einem Hause aufzusetzen, muß dieses gebaut werden und erhalten, damit sie nicht bald wieder am Boden liegen.

Ob unser Weg ein guter oder ein besserer ist, wage ich nicht zu unterscheiden und zweifle, ob es andere vermögen. Mir ist es gleichgültig, weil mir der Gehende und sein Gang mehr bedeuten als der Weg. Ich füge mich der Welt, in die ich gesetzt wurde, und stelle meine Kräfte in ihren Dienst. Sie hat sich für diese Richtung vorläufig entschieden, und wäre es auch die Angelegenheit einzelner, neuen Kurs zu setzen, ich hielte es doch nicht für meine Sache. Ratschlagen wir nicht lange, ob noch andere Welten möglich sind, für die zu kämpfen mehr Glück brächte. Solcher Wankelmut macht jeden Wert zunichte und läßt keinen neuen entstehen. Nicht die vorhandenen Dinge sind gut oder schlecht, sondern der Wille, mit dem wir an sie herangehen, sie anpacken und fortentwickeln. Die Dinge sind nur Material, unsere Einstellung zu ihnen macht sie erst schön und wertvoll. Aus einem Klumpen schmutziger Erde lassen sich wunderbare Gebäude und Kunstwerke errichten, aus Kamelkot ein wärmendes Feuer unterhalten. Wer in guter Absicht strebt und unermüdlich seine Kraft in den Dienst der großen und kleinen Werke menschlicher Kultur einströmen läßt, vermag sich wohl nicht über Fehler und Irrtümer zu erheben, wird aber die Vorwürfe des ewig keifenden, engherzigen Hypochonders mit Gelassenheit tragen, der sämtliche Register aus Religion und Wissenschaft zu ziehen weiß, um seiner kränklichen Nörgelsucht zu huldigen. Mit unerschöpflicher Phantasie ist er bemüht, aus jeder Tat eine Sünde zu machen und diesen unheilvollen Saft in alle offenen Herzen zu flößen.

22

Ich glaube, der besondere Schrecken vor einem Untergang der Menschheit rührt nur aus mangelnder Gewöhnung und Vertrautheit mit solchen Gedanken. Je länger und eingehender ich mich mit diesen Aussichten abgebe, desto zahmer und heimlicher werden sie mir, sie verlieren ihren Schrecken, wenigstens in den ruhigen Stunden der Theorie, in denen mir ja auch mein eigener Tod ein vertrauter, harmloser Geselle geworden ist, von dem ich weiß, daß er mir stets näher ist als alles übrige. Will er dann tatsächlich einmal seinen kleinen letzten Schritt zu mir herüberlenken und sich mit mir vereinigen, weiß ich freilich nicht, wie ich mich gebärden werde – ich setze darauf, daß, wie sonst oft, das Tun noch leichter sein wird als das Denken, weil uns die Umstände leiten und so einen Teil der schweren Willensanstrengung für uns mittragen – jedenfalls solange er die kleine Distanz behält, vermag ich in Ruhe seine Gesellschaft zu ertragen. Im Gegenteil, er ist mir sogar der unterhaltsamste und anregendste Gesprächspartner meiner inneren Dialoge. Wie seicht und öd wäre der Gang unsres Lebens, würde der Tod es nicht immer wieder seiner einschläfernden, verträumten Selbstverständlichkeit berauben und in Frage stellen. Jedem Augenblick verleiht er dadurch eine gewisse Brisanz, einen eigenartigen Wert, indem er ihm stets die Möglichkeit des Nichtseins zur Seite stellt. Wäre der Tod nur eine jedem beim Eintritt ins Leben auf irgendwann festgesetzte Frist und könnte dieser bis dahin in völliger Sicherheit leben, so wäre diesem Leben vielleicht das Wesentlichste und Wertvollste genommen: Was wäre Licht ohne Finsternis, Lust ohne Pein, Leben ohne Tod? Kein Tag, keine Stunde würde sich über den uns so gewohnten Zustand der Gleichgültigkeit erheben. Wer den Hunger noch nie gespürt, sitzt gelangweilt beim täglichen Mahle. Die Reichen gähnen über ihrem Reichtum, nach dem die Armen ihre Hände strecken. Nur selten empfinden wir als Wunder, daß am Morgen wieder die Sonne aufgeht – dabei könnte es doch auch einmal Nacht bleiben. Wenig öfter staunen wir, daß wir des Morgens wieder aufzustehen vermögen, ja, manchem Faulen ist es eine Last. Nur in der Krankheit fühlen wir, was Gesundheit ist, nur an der Präsenz des Todes, was das Leben. Das Sein wird überall vom Nichts bestimmt, wo es alleine ist, da ist es nichts, es wird nicht wahrgenommen, wie Sattheit, die keinen Mangel kennt. Sollte da der Untergang der Menschheit, ihr mögliches Nichtsein, nicht dieselbe Funktion haben? Schätzen wir ihre Existenz nicht dann erst gehörig, wenn wir ihr den immer sprungbereiten Tod zur Seite stellen, wenn wir gewahr sind, daß, wie sie einmal entstanden ist, so einmal vergehen wird, diese Menschheit, um keine Ausnahme im großen Kreis der Schöpfung sich zu reservieren.

So wird die Gefahr zur Bedingung des tüchtigen Lebens, und dieses wird um seiner selbst willen geliebt und gelebt – nicht ängstlich auf morgen verschoben, um unseren Nachkommen etwas zu hinterlassen, wozu wir selbst keinen Mut hatten.

Einer unsrer großen Vorfahren soll einmal gesagt haben: Wenn ich wüßte, daß morgen die Welt untergeht, würde ich heute noch ein Bäumchen pflanzen. In diesem heiligen Wort steckt vielleicht mehr, als mir über die ganze Sache zu sagen vergönnt war.

Vom Nutzen der Habsucht

Die Freiheit des Individuums gilt in der jetzigen Zeit als höchstes Glück und als oberster moralischer Wert, sowohl für den Staat wie die Kultur und für jeden lebenden Menschen, der sich darin bewegt. Nicht daß allein ein ewig wechselhafter Teil des Volks sich von jeglichem Zwang und jeder Pflicht befreien will, wie wir es seit allen Zeiten kennen, nein, es sind selbst die Regierenden und Mächtigen, denen die Ungebundenheit noch selbst des kleinsten Mannes als höchste anzustrebende Staatsform erscheinen will. Je freier sich ein Mensch bewegen könne, desto kraftvoller werde er seine eigenen, egoistischen Triebe zu befriedigen suchen, und weil diese dem Menschen immer am nächsten stünden, könne er nirgend sonstwo so vieles leisten wie in diesem Verfolgen. Wenn jeder in dieser Weise einzig nur an sich dächte und damit das Maximum seiner Kräfte veräußerte, dann wäre letztlich so vieles geleistet, daß sowohl das Einzelne wie das Ganze niemals besser bestellt sein könnte. Jeder dächte nur an sich und würde dabei, ohne es zu merken, ein großes gemeinsames Ziel verfolgen. Der Mensch sei nicht geschaffen, an höhere, allgemeinere und damit fernere Ziele zu denken, geschweige dieselben zu verfolgen. In diesen abstrakten Gegenden würden seine Kräfte schnell erlahmen, und dort, wo er ins Weite strebe, sei letztlich nicht einmal Notwendigstes getan.

Wenn ein Mann also sein Amt ausübe, werde er sicher sein Bestes tun, sobald ihm nur genügend Geld als Lohn vor Augen schwebe, und so sei ihm wie dem Amte in einem gedient, obgleich beide nur ihr eigenes Wohl im Sinne hielten. Kein Schuster, kein Künstler, kein Staats- und kein Handelsmann würde sich demnach im geringsten für die eigene Arbeit interessieren, vielmehr nur deswegen unerhörte Kräfte dareinsetzen und dabei die höchsten menschlichen Leistungen vollbringen, weil er stets an das schöne Geld dächte, welches ihm daraus erwüchse, und an den Reichtum und Luxus, den er sich daraus gewönne. Demnach bestünde jegliches Interesse an einem Werke nur insofern es den eigenen Reichtum mehrte, wäre jedoch übrigens geheuchelt und arglistig zur Schau gebracht.

Ich muß sagen, daß ich in einer solchen Welt nicht leben wollte, in der zwar womöglich Großes sich vollbrächte, in jedem Menschen, in jedem Geist jedoch sich nur das Kleine wiederfände; in der die Werke groß, die Gesinnungen klein, die Mägen voll, die Seelen aber leer und erbärmlich wären. Diese Menschen würden, selbst wenn sie eine Kirche, einen Tempel bauten, immer nur in dem Bewußtsein leben, sich mit dem daraus zu schlagenden Gewinn den eigenen Herd zu bereichern. Bei weitem lieber und in völliger Zufriedenheit würde ich unter Menschen leben, die umgekehrt nur Kleines zustande brächten, doch ständig sich im Bewußtsein hielten, es wäre unendlich groß. Was ist es denn wirklich, das die Größe eines Werkes bestimmt? Ist es nicht der feste, auf ein höchstes Ziel gerichtete Wille, der dem Werke zugrunde liegt? Ist es nicht das reinste Streben des Betrachters, hohe, höchste Werte in menschlichen Werken aufzuspüren?

Ich lobe Gott, daß diese Auffassung unserer Freiheit nur eine jämmerliche Theorie darstellt, die, an die wirklichen Menschen, wie sie heute leben, gehalten, nicht länger als eine Stunde bestehen kann. Diese Menschen, mögen sie meinetwegen sämtlich Egoisten sein und damit nicht besser als ihre Vorfahren, vergessen doch diesen Egoismus vollständig während ihrer Arbeit, wenn die große Aufgabe – einem jeden nach Maßgabe seiner Fähigkeiten gestellt – sie bis in die letzte Faser erfüllt und ihren Geist und Busen beherrscht, weil sie selbst nichts anderes als diese zu beherrschen streben. Man sieht es überall, wo Menschen wirklich tätig sind, daß sie in diesen Augenblicken an nichts weniger denken als an ihr eigenes Wohl, vielmehr gänzlich dem höheren, weiter wirkenden Ziele sich verpflichten. Fallen sie dann in Atempausen von diesem Gipfelsturm zurück, entspannt sich die Sehne ihres reinen, hochgerichteten Willens, dann mögen die Sorgen um das eigene Wohl sie umfassen und einspinnen, und sie mögen ihr Verdientes zählen und sich weiden und das noch zu Verdienende berechnen. Jetzt, in diesen schwächeren Epochen der Ruhe und Bequemlichkeit, mag das Prinzipium der gedungenen Freiheit seinen Wert entfalten und seine Mechanismen walten lassen. In einem solchen Moment, da der Mensch das höhere Ziel aus den Augen verloren, ist eine Kraft vonnöten, die, seine kleinen, naheliegenden Bedürfnisse ansprechend, in der Lage ist, ihn beim großen Werke zu halten. Jedermann würde im Augenblick der eintretenden Trägheit und Erschlaffung seine Werke liegenlassen und sich zur Ruhe begeben. Wirkt jedoch eine auf diesen Zustand abgestimmte Kraft und drängt ihn vorwärts, so gerät er leicht zurück in den Sog seines edleren Bestrebens, der ihn von neuem in die selbstvergessnen Sphären zieht. Wie ein Pendel, das mit der geringsten, doch ihm eigentümlichen Schwingung erregt wird, bald seine Grenzen vergißt, so wächst der Mensch, wird er selbst durch Unbedeutendes erregt, sehr bald über sich hinaus. In der engen Verfassung des menschlichen Gemüts muß mit niedrigen Mitteln gearbeitet werden, damit der Zugang nicht verlorengeht. Durch kleine Türen kann nur Kleines eindringen.

So hat also dieses Prinzip vom heilsamen Egoismus durchaus eine gute Berechtigung bei der Führung des Menschen im Staate. Doch ist es nicht füglich, eine zwar notwendige, aber im Wesen eher geringe Sache zu feiern, als wäre sie das erstrebenswerteste aller Prinzipien. Die großen Perioden des Menschen sind zu loben. Säfte, die gegeben werden, eine Krankheit zu überwinden, sind bestenfalls zu dulden und mit Vorsicht einzuflößen – denn oftmals sind sie aus Gift bereitet.

Über das Neue

Was gut ist, soll man nicht ändern, bevor sich Besseres erwarten läßt. Diese schöne Weisheit kehrt die Mode für sich um und nennt das Neue schlecht, sobald ein Neueres in Aussicht steht. Dadurch schafft sie dem Menschen viel Spiel und Abwechslung, hält die müden, zur Langeweile neigenden Gemüter wach und überhaupt am Leben und ringt auch dem Ernsteren zuweilen einen Blick auf liebe Dinge ab, die ihm sonst im Folgen seiner wichtigen Geschäfte unbeachtet blieben.

Mit Offenheit und gutem Selbstvertrauen zeigt sich die Mode nur bei Kleidern und Frisuren. Hier tritt sie auf, in eigener Person, unverhüllt und wissend, daß jeder Gefolgsmann, der sich auf diesem Felde einfindet, sich frei und ohne Scham zu ihr bekennt. Auf anderen Banketten wagt sie sich nicht selbst hervor, sondern sendet ihre Diplomaten, welchen sie die Namen Nützlichkeit und Moral gegeben. Ein Aufruhr im Staat, manch neues Gesetz, ja oft ein Krieg ist in Wahrheit nur Tribut an die Mode – wenn nicht persönlich, so durch einen ihrer Diplomaten hinterbracht. Keine Regierung sagt: Wir machen jetzt die Ehescheidung leicht, erlauben von Staats wegen, den Gatten zu betrügen und eine unerwünschte Leibesfrucht zu töten, denn es ist doch heute sehr modern, so etwas zu tun, und jeder erwartet daher auch, daß es vom Staate nicht verhindert wird. Nein, man wird vielmehr die Fundamente der Menschenwürde anführen, welche es erforderten, daß jeder in solchen Entscheidungen völlig frei erscheine, man wird die Nöte der Betroffenen in lebhaften, dunklen Farben malen und sich selbst als Retter, der die grausamen Fesseln unserer Tradition zerschlägt wie Sankt Georg die wüsten Arme des Drachens.

Die Technik ist uns heute ein allerliebstes Töchterlein, das wir hegen und pflegen mehr als schöne Kunst, als Philosophie und Religion. Mit ihren Hebelchen und Lämpchen, dem nimmermüden Klappern und Fauchen, ihrem bunten Blinken und Flimmern ergötzt sie uns wie kein anderes Menschenkind. Sie trägt aber alles mit der Nützlichkeit strenger Miene vor und will von Spielerei und Mode nichts hören. Ein Techniker, ein Konstrukteur hält immer die reine Funktion seines Projekts im Auge und strebt einzig danach, für diese das rechte Mittel auszufinden. In seiner Begeisterung für den Fortschritt übersieht er jedoch häufig, daß er nicht aufs Gute, sondern nur aufs Neue steuert und dabei manch bedeutende Tugend dessen, was er erneuern will, in der Blüte ihrer Jahre lebendig zu Grabe trägt. Weil heute in der Technik so viel geschieht und täglich sich verändert, hat jeder Sorge, hintenan zu stehen, wenn er nicht vor allem etwas Neues bringt. Hier behauptet sich das ewige Walten der Natur, wo auch ein Geschlecht das andere ablöst – als das jüngere, selten als das bessere. Des Menschen Aufgabe heißt aber, denke ich, nicht, sich der Natur ohne Bedingungen auszuliefern; es sind ihm seine übernatürlichen Fähigkeiten vielmehr gegeben, die Welt und das Leben, die Natur damit zu veredeln.

Andererseits sucht man heute in vielen Künsten, etwa der Medizin oder der Architektur, mit großem Eifer nach alten, schon verstaubten Rezepturen – im festen Glauben, daß in der langen Tradition der Vorfahren praktische Weisheit sich angesammelt habe, die uns jetzt das Leben verbessern könne.

Mein Vater hat ein schönes Haus gebaut, ohne Stahlbeton, ohne die heute üblichen Materialien zum Schutz gegen Hitze und Kälte. Statt dessen hielt er sich an althergebrachte Baustoffe und Bauweisen, verwendete nur Ziegel und Holz, und diese so großzügig, daß damit Festigkeit und Isolationswirkung heutiger synthetischer Bautechnik bequem erreicht oder übertroffen wurde. Darüber hinaus versprach er sich eine bessere Gesundheit für das Haus und seine Bewohner, weil durch den homogenen Aufbau von Wänden und Decken sich nirgendwo die Feuchtigkeit stauen und kondensieren kann. Wie eine wollene Decke, die warm hält und doch atmen läßt, so schützt dieses Haus vor den Unbilden der Natur und hat doch Poren, um den schädlichen Dünsten ihren Weg nach außen und den wohltuenden, natürlichen ihren Weg nach innen nicht zu verwehren. Die Wirkungen der Natur sollen für den Menschen nach seinem Maße gefiltert, aber nicht ausgeschlossen werden.

Mein Vetter hatte seit langem die Stirnhöhlen vereitert. Die Ärzte schnitten und spülten, spritzten und gaben ein. Wer nicht dabei zu leiden hatte, war allein der Eiterherd, der sich nach wie vor bei bester Gesundheit fühlte. Ein Heilkundler schließlich, der die jahrtausendealte, asiatische Kunst der Akupunktur beherrscht, führte dem Vetter an der Backe zwei Nadeln ein, zwirbelte sie ein wenig, was beides ohne Schmerzen ablief, und fand seine Behandlung ausreichend. Am folgenden Tag war der Eiterherd erloschen. Diese geheimnisvolle Kunst ist in vielen Bereichen des Heilwesens durch keine moderne Medizin zu ersetzen, oder jedenfalls nur mit einem unvergleichlich höheren Aufwand. Deswegen wird sie in Vietnam seit einigen Jahren wieder vom Staat gepflegt und gleichberechtigt in Arbeitsteilung mit der modernen Medizin angewandt. Unsere Doktoren sind allerdings zu stolz und eitel, um sich von der Tradition oder gar der Tradition einer anderen Kultur belehren zu lassen. Sie wollen alles selbst erproben und dann andere belehren, nur ja nicht das von anderen Erprobte lernen.

Mir wird zuweilen vorgeworfen, ich dächte und redete wie ein Fossil; ganz wie ein versteinertes Schneckengehäuse aus der Kalksteinzeit, abgebröckelt und aufgefunden am Rande der Schwäbischen Alb. Mildergestimmte sehen vielleicht nur eine altbackene, ausgetrocknete Torte, garniert mit Goetheplätzchen, ein paar Streuseln Montaigne, abgeschmeckt mit Plutarchderivat und gebacken mit Platonsurrogat. Obwohl vielleicht nicht ausgesprochen wohlgemeint, wäre es mir doch das wohltätigste Kompliment. Ließe sich nämlich, was kaum wirklich zu hoffen ist, irgendeine Ähnlichkeit zu diesen Großen herausfinden, und würde sie auch einzig auf Diebstahl und Plünderung beruhen, so könnten solche Schriften sich doch rühmen, das Beste zu sein, was in diesen Jahrzehnten aus den nie versiegenden Federn des Literaturbetriebes fließt. Gold verliert seinen Wert nicht, wenn es gestohlen ist, und selbst was nur vergoldet, hat noch mehr Wert als die vergeblichen Eigenproduktionen unserer Alchimisten. Oder spottet jetzt Horaz: Decipit exemplar vitiis imitabile (Es scheint das Vorbild durch seine Fehler nachahmbar). Ich würde seinen Spott ertragen, denn die Fehler dieser Männer sind immerhin mehr wert als die seichten und falschen Wahrheiten, welche jetzt den Lorbeer ernten. Wem nur gelingt, die Schwächen Plutarchs mit warmer Anteilnahme nachzuahmen, hat mehr zu bieten, als der eilfertigste und originellste Quirl, der mit seiner neuesten Manier nur das älteste aller Menschenprodukte hervorbringt: Mist. Lieber Gutes nachahmen, als Schlechtes erfinden. Übrigens verteidigt Horaz sich an derselben Stelle, Versmaß und Geist vom Archilochus übernommen zu haben. Ich selbst darf mich immerhin sehr glücklich schätzen: Wenn ich die Schriften der großen Männer lese, vergesse ich darüber meine eigenen, und während ich selbst schreibe, bin ich zu beschäftigt, um an jene zu denken. Mir wenigstens erscheinen meine Reden ganz frisch und lebendig und wie nie zuvor gehört, weswegen ich, für den häuslichen Gebrauch, nicht mehr Genialität von ihnen fordere.

Es mißraten oft die Söhne tüchtiger Väter oder suchen sich ein anderes Metier zum Einsatz ihres Ehrgeizes: Sie verzweifeln entweder an der Größe der Erwartungen, die ihre Umgebung an sie stellt, oder am vollkommen bestellten Acker, der, bereits abgeerntet, nichts übrig läßt, als die Früchte zu genießen. Was bliebe einem Sohn Goethes in der Literatur zu leisten? Alexander litt als Knabe nicht weniger. Sooft die Meldung kam, daß Philipp eine namhafte Stadt genommen oder in einer Schlacht, von der man viel Rühmens machte, den Sieg davongetragen habe, war er nicht sehr erfreut, das zu hören, sondern rief zu seinen Altersgenossen: »Ihr Jungen, alles wird uns der Vater vorwegnehmen, und mir wird er keine große, glänzende Tat mit euch zu vollbringen übriglassen.« Doch wie wir wissen, sollte Alexander diese Schwierigkeit nach dem Tode des Vaters schnell überwinden.

Nicht zu überwinden vermochten Dichter, Philosophen, Maler und Musiker, was in der klassischen Epoche Goethe und die vielen anderen zum Maßstab setzten. Seitdem zappelt und keucht die große Mehrzahl auf allen Gebieten des geistigen Lebens vergeblich, um in irgendeiner Seitengasse, im Rückwärtslaufen oder Purzelbaumschlagen noch eine originelle Ader aufzuspüren, die von jenen vielleicht übriggelassen oder übersehen worden. Im Geradeausgehen macht sich keiner mehr Hoffnung, einen Siegeskranz zu erringen; hier, denkt man, sei schon alles getan, nichts mehr zu überbieten und das eigene Mindergefühl am ehesten zu überwinden, indem man diese Leistungen durch Spott und Schmähung so gut es geht herabsetzt und in der Ironie eine unverfängliche Zufluchtstätte sucht. Die Söhne großer Väter tun sich schwer. In diesem bedeutenden Schatten stehend, sehen sie nicht, daß den geraden Weg zu verfolgen immer geboten ist und die wahren Kränze dort niemals ausgehen und nirgend anderswo geflochten werden.

Vom Mann zum Weib

In unseren Zeiten wird viel geredet, ob die verschiedenen Tätigkeiten und Berufe den Menschen durch eine gerichtete Erziehung zugeteilt oder ihnen in der Wahl ihres Lebensweges das ganze Leben hindurch eine völlige Freiheit gelassen werden soll. Ist eine Richtung von der Wiege aus vorgegeben und wird ein Mensch geordnet und zielstrebig an seine Lebensaufgabe herangeführt, können sicherlich viele Irrwege und Leerläufe umgangen werden, und man sollte eigentlich vermuten, daß nur auf diese Weise in einem Fache höchste Ergebnisse zu erreichen seien. Wie wäre ein Michelangelo, ein Raffael zu denken, der sich im fünfundzwanzigsten Jahre erst entschiede, ob er Baumfäller, Kaufmann oder Künstler werden soll?

Andererseits hat sich mancher bedeutende Mann erst spät und nach mannigfaltiger anderweitig gerichteter Tätigkeit zu seiner eigentlichen Profession entschieden. Vor allem in der Literatur treten glänzende und wechselfreudige Männer auf: Milton begann sein Verlorenes Paradies im fünfzigsten Lebensjahr, Bacon schrieb sein Novum Organon mit sechzig nach einer bedeutenden Laufbahn im Staate, und Cicero wechselte unsicher und unbeständig zwischen der Schriftstellerei und der Staatskunst sein ganzes Leben, und als er sich endgültig in die Muße zurückzog, wurde er von den Schergen des unruhigen Staates aufgespürt und erschlagen. Rousseau war Graveur, Vagabund, Gesandtschaftssekretär, Geiger, bevor er mit Gedanken seinen Namen machte.

Selbst Künstler waren unbeständig: Zelter war Maurer, bevor er komponierte, Sinopoli Psychiater, bevor er dirigierte, und Hermann Broch Direktor eines Textilkonzerns, bevor er im zweiundvierzigsten Jahr zu dichten begann. Alle brachten in ihrem spät erwählten Fache die schönsten Leistungen hervor und konnten, gerade durch fremde, mannigfaltige Erfahrungen, frische, lebendige Erfahrungen einfließen lassen.

Freilich ist nicht zu bestreiten, daß ein vollkommen entschiedenes Talent wie Mozart vertan wäre, müßte es dreißig Jahre in der Welt umherirren, um mit fünfunddreißig dann zu sterben. Was jedoch vielen übrigen Talenten und was gar der großen Menge und dem Staat am besten frommt, ist damit nicht entschieden. Vielleicht liegt es, wie bei den Talenten, so auch bei den gewöhnlich Begabten, an der jeweils gegebenen charakterlichen Anlage, ob sich einer früh oder spät oder nie in einem Fache endgültig niederlassen soll.

Unseren heutigen schnell wechselnden Verhältnissen ist die Biegsamkeit der Bürger, ihre allgemeine Ausbildung und Offenheit für andere Tätigkeiten ohne Zweifel förderlich. Der technische Fortschritt wäre ohne dies nicht denkbar. Allerdings haben die seßhaften, beständigeren Gemüter zuweilen stark an der Flüchtigkeit zu leiden und gehen nicht selten in dieser Flut von Umstellungen zugrunde.

Soweit scheint es also, daß der eine Charakter für eine gerichtete Ausbildung paßt, der andere mehr für eine breite oder gar zerstreute. Es wäre aber noch wünschenswert, zu wissen, was denn der Charakter selbst überhaupt sei, ob etwas ein für allemal Feststehendes, ob etwas Modulierbares, von der Erziehung und den Lebensumständen Beeinflußtes. Diese ewige Frage der Menschheit, zumal der Pädagogen, wird sich nie klären lassen. Denn weder das Erbgut noch die Umstände, in die ein Mensch hineinwächst, lassen sich so berechnen oder bestimmen, daß das Ergebnis, der Mensch, in ein strenges kausales Verhältnis dazu gesetzt werden könnte. Die Welt ist immerhin kein

Labor und das Leben kein nach Belieben einzurichtender Versuch für einen Naturwissenschaftler. Wie ich wohl einsehen muß, daß diese Frage sich nie aufklären wird, bekenne ich doch, daß nach meiner Auffassung der Charakter fest vom Schicksal vorgegeben und die Lebensumstände nur dazu dienen, denselben zu entwickeln und, indem sie ihn zum Handeln bewegen, ihn vor aller Augen sichtbar werden lassen. Nur so vermag ich den Menschen selbst zu sehen, nicht einen bloßen Spielball seines Herrn, seines Weibes, seines Hundes oder seiner Nachbarn. Gewiß hängt letztlich die ganze Sache an der Definition, und ich schließe mich derjenigen an, welche alles, was am Aussehen und am Wesen eines Menschen durch seine Lebensalter und -umstände hindurch zwischen all den Veränderungen unverändert erscheint, als seinen Charakter bezeichnet.

Da aber dieses Thema immer einen Parteienstreit entfacht, zwischen denen, die den Charakter als unabänderlich, und denen, die ihn als Produkt der Lebensumstände betrachten, will ich mich an dieser Stelle zurückhalten und die Sache gänzlich offenlassen. Nur soviel ist etwa noch zu sagen, daß ein ganzes Volk, eine ganze Gesellschaft in keinem Falle leicht zu ändern oder zu bessern ist. Denn wären die Menschen von Geburt auch gleich, so würde doch ein jeder von Beginn an sehr unterschiedliche Verhältnisse vorfinden. Dadurch bedingt sehr unterschiedlich geraten und deshalb wiederum seinen Kindern später die verschiedensten Umstände weitervermitteln. So würden sich in diesem Falle also nicht die Charaktere, sondern die Umstände forterben, und die Charaktere wären nur das zwangsläufige Produkt der ersteren: wobei denn die Ergebnisse die nämlichen blieben.

Eine Charakterrichtung aber scheint mir besonders früh auszukristallisieren und sich bei Kindern bereits im ersten

Jahr deutlich zu zeigen: Es ist diejenige, ob einer zum Männlichen oder zum Weiblichen tendiert, zum Streben in einem weiteren Kreise oder zur mütterlichen Fürsorge im kleineren, persönlichen, meist häuslichen Bereich. Ich bin mir noch unsicher, ob ich mit diesen Worten genau umrissen habe, was ich dabei denke. Gewiß kann es erst dem werden, der etwa einem kleinen Mädchen zuschaut, mit welcher Hingabe, mit welcher Leichtigkeit es bereits sämtliche Operationen zur Versorgung seiner Puppen durchzuführen vermag. Vielleicht redet es noch nicht, aber wie durch eine höhere Eingabe ist ihm alles sofort geläufig, was es nur wenige Male bei der Mutter abgeschaut, ja, zuweilen glaubt man, es müsse diese Dinge aus sich selbst schöpfen. Die Symptome des Talents zum Männlichen, wie es hier genannt sei, sind nicht weniger deutlich.

Wie jetzt auf Talente aller Arten und Ausprägungen bei der Erziehung Rücksicht genommen und eingewirkt werden soll, darin könnte man sich vielleicht so vereinigen: Im gewöhnlichen Fall, wo keine Begabung über alle Maßen deutlich in Erscheinung tritt, unterschiedliche sich abwechseln oder nebeneinander bestehen, ist auch die Erziehung, solange es die Verhältnisse zulassen, vielseitig und für neue Entwicklungen offen zu halten. Bacon sagt hierzu aber: Eltern sollten frühzeitig den Beruf und die Laufbahn wählen, die sie ihre Kinder einschlagen zu sehen wünschen, denn dann sind diese noch fügsam. Auch sollten sie sich den Neigungen ihrer Kinder nicht allzusehr fügen, weil sie glauben, daß sie sich am eifrigsten auf das werfen würden, was ihnen am besten gefällt. Es ist zwar richtig, daß, wenn Neigungen und Fähigkeiten bei Kindern besonders ausgesprochen sind, man sie nicht hindern muß, im allgemeinen aber ist der Ratschlag gut: Optimum elige, suave et facile illud faciet consuetudo (Wähle den vorteilhaftesten Beruf, die Gewohnheit wird ihn leicht und angenehm machen).

Bacon und Plutarch und die Pythagoreer behalten darin auch insofern recht, daß die gewöhnlichen Menschen, gibt man ihnen durch die Erziehung nicht eine deutliche Richtung vor, verwirrt, rat- und hilflos und ewig unentschieden durchs Leben streifen. Unfähig, sich selbst zu einer Religion, zu einer Weisheitslehre, zu einer eindeutigen Lebensaufgabe zu bekennen, führen sie alles in ihrem Leben nur halb und gewissermaßen nur versuchsweise durch. Damit wird aber ihnen, nicht anders als der Gesellschaft, dem Staat und der Kultur, unablässig und unermeßlich großer Schaden zugefügt.

Ganz sicher aber, wo in einem Spezialfache eine entschiedene Begabung sich ankündigt, muß diese ihrem Grad entsprechend gefördert und darf nicht durch andere erzwungene Übungen um einer Allgemeinbildung willen erstickt werden. Hätte Leopold Mozart seinen Sohn gezwungen, die Musik zurückzustellen und statt dessen Mathematik, Chemie, Physik, Griechisch und Latein zu lernen – um jeder beschränkenden Einseitigkeit zu entgehen –, er hätte sich an seinem Sohn wie an der Welt zweifellos versündigt. Noch entschiedener als dieses einzigartige Talent Mozarts tritt aber das genannte Talent zum jeweiligen Geschlecht hervor, und nicht bei einem in tausend Jahren, sondern, wie ich glaube, bei der allergrößten Mehrzahl einer jeden Generation. Noch mehr als beim musikalischen, beim mathematischen oder beim künstlerischen Talent ist deswegen hier darauf zu achten, daß dieses Talent, das ich wegen seiner enormen Kraft eigentlich als Instinkt bezeichnen sollte, nicht behindert und durch eine anders gerichtete Erziehung schließlich erdrückt werde. Andrerseits bedarf es gar keiner angestrengten Mühe, etwa das Talent zum Mütterlichen in einem Mädchen zu fördern. Wenn man sich nur natürlich verhält, d. h., wie es einem durch Geburt und Erziehung selbst gegeben wurde, so wird diese in sich so kräftige Anlage, wo vorhanden, auch zuverlässig sich ausbilden und festigen. Ohne etwas zu denken, zu berechnen und meist formale Erziehungstheorien in Anschlag zu bringen, behandeln wir nämlich ein Mädchen ganz unwillkürlich wie ein Mädchen und einen Buben wie einen Buben. Allein dadurch aber wird eines jeden Anlage zum Geschlecht völlig hinreichend gefördert.

Bedenklich könnte nur sein, die Mädchen plötzlich für die bisherigen Aufgaben der Männer erziehen zu wollen und mit den Buben umgekehrt, oder noch schlimmer, beide Geschlechter für beide Aufgaben offenzuhalten. Dem ersten entspräche, aus dem kleinen Mozart mit Gewalt der Erziehung einen großen Mathematiker machen zu wollen – was mit vielem Glück immerhin noch hätte gelingen mögen. Dem zweiten entspräche, ihm sämtliche Wissenschaften auf einmal einzustopfen, damit am Ende nirgendwo was Rechtes aus ihm würde.

Müßte man die modernen Ideen von der Gleichheit der Aufgaben bei Männern und Frauen ernst nehmen, wäre zu fürchten, daß wir in Bälde weder gute Mütter noch gute Väter, weder weibliche Frauen noch kräftige, mutige Männer hätten. Ein unentschlossener indifferenter Haufen würde sich forthin als Menschheit durch die Geschichte schleppen und so das paradiesische vorweltliche Zeitalter, wie es Platon uns im Gastmahl schildert, als die Geschlechter noch nicht getrennt waren, in einem traurig trüben Abbilde wieder einführen.

Wenn sich eine Frau verselbständigt, macht sie sich unweiblicher und unangenehmer, der Mann aber männlicher und verehrungswürdiger. Das liegt daran, daß die Frau in dieser Richtung von ihrer Natur abkommt, der Mann aber der seinigen zustrebt. Man wendet ein, dies sei nicht Natur, sondern zum größeren Teil die Sitte, welche sich schon so tief in unser Gemüt eingewurzelt hat, daß sie als Natur erscheine. Fanatiker wollen gar die Natur verleugnen und schreiben alles der Sitte zu. Einerlei. Ob Natur oder Sitte, ob Vererbung oder Anerziehung: wodurch unser moralisches Gefühl letztlich bedingt wird, ist gleichgültig, solange wir nur eines haben, an das wir uns halten können, das uns eine Richtung gibt, aus den Sümpfen der Beliebigkeit herauszufinden.

Diese Betrachtungen gelten wohl der Allgemeinheit und schließen nicht aus, daß Sappho eine hohe Dichterin war, daß Stifters Abdias seiner Tochter die verstorbene Mutter mit ganzer Liebe ersetzen, daß Katharina von Rußland eine große Regentin sein konnte und manche Familie weiterkommen mag, wenn der Mann zu Hause bleibt und dafür die Frau in die Welt hinaustritt. Nur sollten das die jeweiligen Anlagen und Umstände bestimmen, anstatt, wie man heute gerne einführen würde, die Staatsideologie.

Über das Befehlen

Es ist notwendig, weil die Menschen ungleich, und schwierig, weil sie gleich sind. Wie der Befehlende gehaßt wird, so der Befohlene verachtet, wie jener bewundert, so dieser gelobt. Vorsicht ist immer dort am nötigsten, wo Macht und Position sie uns vergessen lassen. Gegen den Untergebenen ist sie am meisten geboten, denn er ist die Stufe des eigenen Aufstiegs. Wer zeigt, daß er führen kann, den wird man führen lassen. Die Unhöflichkeit gegen den Höherstehenden wird allgemein und selbst von diesem leichter verziehen als die Grobheit gegen den Diener, denn jener wird nicht ernstlich gekratzt, dieser in seiner Würde beleidigt. Eben gegen den, der am wenigsten Anspruch auf Anstand zu haben scheint, ist er am nötigsten.

Grobheit und Pedanterie sind die Klippen, durch welche man zu manövrieren hat, und durch beide ist die Freude an der Arbeit leicht in Widerwillen zu verwandeln. Jeder Mensch, außer dem gleichgültigsten, lebt mit seiner Arbeit, lebt in seiner Arbeit, auch wenn diese, wie man sagen könnte, ihn im Grunde nicht näher betrifft, weil Entwurf und Entschluß dazu von anderen kommen und auch das Ergebnis wieder zu anderen geht. Dem Arbeitenden bleibt nur das nackte Geld als Lohn, womöglich unabhängig davon, ob er sich am Ergebnis seiner Arbeit mitgefreut oder geärgert hat. Diese Unbeteiligung hat er jedoch vergessen, während er arbeitet, er ist jetzt ganz damit befaßt, als handelte es sich um sein persönlichstes Anliegen. Dann darf man ihn weder durch Grobheit beleidigen und ihn aus diesem Traume wecken noch ihm Dinge zu tun auftragen, die ihm überflüssig und kleinlich erscheinen, weil sonst, mit der Einsicht in den fraglichen Sinn seiner Arbeit, sehr schnell die Lust daran schwinden wird. Vor allem, wenn die Geduld eines Menschen schon sehr beansprucht, soll man nicht durch kleinliche Zusatzforderungen den Faden zerreißen. Sie lassen sich, wenn überhaupt nötig, leicht auf später verschieben und erweisen sich womöglich inzwischen als überflüssig.

Gründlichkeit ist das Fundament einer guten Arbeit, und nichts schadet in der Welt so viel wie Gründlichkeit zur falschen Zeit am falschen Ort. Gründlichkeit ist oft nicht eine Frage der Notwendigkeit, sondern des Temperaments. Deswegen ist sie niemals gleich unter zwei Menschen aufgeteilt, und was dem einen eifrige Anteilnahme an Notwendigem, wird dem anderen zur Pedanterie. Da sich hier nicht leicht eine Einigung erzielen läßt, wird es manchmal besser sein, auf Anordnungen zu verzichten, wo sie nicht lebenswichtig und mit aufrechterhaltener Heiterkeit und Lust an der Arbeit im gesamten mehr erreicht werden als mit sturer Durchsetzung.

Über den Zweifel

Ché nel mondo mutabile e leggiero
costanza è spesso il variar pensiero.

Torquato Tasso

Brutus würdigte den Pompejus keines Grußes, so oft er ihm begegnete, da er für einen schweren Frevel hielt, mit dem Mörder seines Vaters zu sprechen. Als aber Pompejus und Cäsar zu den Waffen griffen und das Reich in voller Verwirrung war, hielt es Brutus für seine Pflicht, das öffentliche Interesse höher zu stellen als sein persönliches, und da er glaubte, die Sache des Pompejus sei besser als die des Cäsar, so schloß er sich jenem an. Er kam nach Makedonien, um freiwillig an der entscheidenden Schlacht teilzunehmen, und bereitete damit dem Pompejus eine solche Freude, daß dieser beim Empfang von seinem Sitze aufstand und ihn vor aller Augen wie einen Höherstehenden umarmte.

Als dann die Schlacht bei Pharsalos geschlagen, Pompejus zum Meere entwichen und das Lager angegriffen wurde, konnte auch Brutus unbemerkt entkommen und schrieb an Cäsar. In der guten Überzeugung, es sei besser, den Sieger zu stützen und wo möglich guten Einfluß auf ihn zu nehmen, als sich in Haß an den Rand des Staates zu drängen oder in Gram sich zu verzehren, wollte er sich ergeben und für Weiteres seine Dienste anbieten. Cäsar freute sich über seine Rettung, forderte ihn auf zu kommen und verzieh ihm nicht nur, sondern behielt ihn auch in seiner Umgebung und ehrte ihn hoch. Gemeinsam berieten sie, wohin wohl Pompejus geflohen und wo man ihn fangen könnte. Des Brutus Vermutung, er sei nach Ägypten, bewog Cäsar, ihn dort zu suchen, doch hatten andere bereits sein blutiges Ende bestimmt.

Von nun an wurde Cäsars Ehre durch Brutus mit aller Tatkraft vermehrt und seine Gesellschaft erhöht. Brutus hatte an Cäsars Macht soviel Anteil, als er nur wollte, und konnte, wenn er wollte, der erste seiner Freunde sein und den größten Einfluß üben. Als später einige Leute Brutus verdächtigten und Cäsar mahnten, sich vor ihm in acht zu nehmen, sagte dieser, indem er mit der Hand an seinen Leib rührte: »Wie denn? Meint ihr, daß Brutus nicht auf dieses Stückchen Fleisch wird warten wollen?« Tatsächlich scheint es, daß er mit Sicherheit der erste Mann der Stadt geworden wäre, wenn er noch eine kurze Zeit ertragen hätte, der zweite hinter Cäsar zu sein. Doch rührte seine Dienstfertigkeit keineswegs aus Ehrgeiz und Machtstreben, sondern einzig aus der Liebe, die ihn allmählich zu dem großen Mann erfaßt hatte, und aus der Liebe für das Wohl des Staates, mit welcher er gewissermaßen geboren wurde. Und weil diese zweite angeborene Liebe ihm noch höher stand als die erste erworbene, wurde er schließlich empfänglich für die Absichten der Verschwörer. Cäsar war zu dieser Zeit noch weit mehr ein großer Staatsmann denn ein Tyrann, doch fürchtete Brutus, die Macht könne ihn allmählich verwandeln und vor allem könne dadurch der Staat umgewandelt werden, von der Republik in eine Tyrannei, in der dann, wenn nicht Cäsar, so doch seine Nachfolger als schlimmste Despoten zu fürchten seien. Deswegen trat er nicht allein der Verschwörung bei, sondern wurde ihr Oberhaupt, und man darf sagen, sie hätte wohl kaum bis zur entscheidenden Stunde zusammenhalten können ohne die moralische Kraft und das Ansehen des

Brutus an der Spitze. Die allseits verbürgte Redlichkeit dieses Mannes überzeugte auch den letzten zweifelnden Teilnehmer, daß hier eine gute und gerechte Sache zu tun sei, und wer etwa nur um des eigenen Vorteils willen dabei war, hatte gute Aussicht, sein kleines dunkles Motiv zu überdecken mit dem Glanz, den die Teilnahme des Brutus verbreiten würde. So konnte die schlimme Tat mit Tugend und Größe vollbracht werden.

Wohl bei allen Menschen wechselt das Glück mit dem Unglück in stetem Auf und Ab wie die Woge des gewaltigen Meeres; doch während beim einen der Fall ins Tief uns vorkommt wie ein notwendiges Zurückgehen auf die Startposition, von welcher aus allein die nächste Höhe wieder erklommen werden kann, scheint uns beim anderen umgekehrt, als hätte er sein Glück nach langem Ringen jedesmal nur dazu erreicht, um aus ansehnlicher Höhe erneut in den Abgrund zu stürzen. Vielleicht erreicht den einen das Unglück nicht öfter, vielleicht ist sein Glück nicht geringer als das des andern, und doch scheint er uns vom Pech, der andere aber vom Glück das ganze Leben hindurch verfolgt. Auch an den Unternehmungen und Taten des Brutus, so gerecht und wohlgemeint sie sämtlich waren, stand am Ende doch jedesmal die Niederlage, und der einzige Sieg, der ihm unangefochten während aller Schwankungen des Glückes blieb, war der seines philosophischen Gemütes, mit dem er sowohl sein Glück wie auch sein Unglück stets männlich ertrug und sich vom einen niemals zur Überheblichkeit fortreißen, vom andern sich niemals demütigen ließ. Auch jetzt, da der vermeintliche Tyrann beseitigt, kamen die Verschwörer bald in Schwierigkeiten und mußten Italien verlassen, um anderswo sich Heere für den nahenden Krieg gegen Oktavius und Antonius zu beschaffen. Hierin bewies er wieder eine äußerst glückliche Hand und sammelte, ohne dabei grausam und ungerecht gegen die dortigen Völker vorzugehen, bald ein ausreichendes Heer. Nachdem noch Cassius mit seinen Truppen zu ihm gestoßen, wagten sie die entscheidende Schlacht bei Philippi, gewannen, verloren, verloren endgültig und setzten ihrem Leben selbst das Ende, um es durch eine freie Tat anstatt in Sklaverei zu beschließen.

Wäre zu dieser Zeit Oktavius bereits Augustus gewesen, anstatt des unreifen und recht despotischen Jünglings, und wäre Antonius ein Staatsmann gewesen, wie er ein Krieger war – ich möchte dafür einstehen, Brutus hätte sich noch einmal dem Sieger unterworfen, um ihm ein aufrichtiger, gewissenhafter Diener und in moralischen Dingen ein ebensolcher Lehrer zu werden und vielleicht gar sein Erbe in der Macht. Aber für den Augenblick waren die Lager zwischen Ehrbarkeit und Herrschaft zu weit geteilt, als daß die Sieger einen Weg sehen konnten, sich dem Besiegten großmütig zu zeigen, oder der Besiegte, sich ohne Verlust der Ehre zu unterwerfen.

Das wechselvolle Schicksal des Brutus bietet uns wohlgeneigten Stoff, eine bedeutende Eigenart des Lebens näher zu betrachten: Es zeigt uns, daß der standhafte, gewissenhafte, von schönsten Idealen beseelte Mann durchaus mehrere Male die Partei und das Kriegslager wechseln kann, ohne diese hervorragenden Eigenschaften im mindesten einzubüßen. Überall lehrt uns Plutarch, wie die besten Männer des Altertums das Gute ihrer Absicht verwendeten, um die sich bietenden Taten damit zu veredeln. Sie suchten nicht Taten, die in sich edel seien und diesen Glanz auf den Täter zwangsläufig übertrügen – denn solche gibt es nicht. Der Täter muß edel sein, dann wird es auch die Tat, gleichviel was sie sei. Diese manchem verwunderliche Tatsache ist keineswegs Zeichen für Biegsamkeit oder Beliebigkeit dieser hohen Tugenden und Ideale, wie die meisten gerne denken, vielmehr Beweis für ihre unerschütterliche Festigkeit. Während Umstände, Meinungen, die persönlichen und die öffentlichen Interessen, die Neigungen und die Nöte der Menschen von Stunde zu Stunde sich ändern, sich im Augenblick ins Gegenteil verkehren, vermag die Rechtschaffenheit jeglichem davon sich unverändert und ungetrübt an die Seite zu stellen. Die Geschicke der Helden Plutarchs sind voll von Wechselhaftigkeit und Gegensatz, doch was dem Leichthinschauenden hier charakterlos und schwach erscheint, ist wahre Größe und menschliche Vollkommenheit für den, der tiefer blickt in das Wesen der Welt.

2

Zum Glück sind wir aus weichem gefügigem Stoffe. Anstatt wie Klippen aus Fels dem tosenden Meere des Schicksals zu starren, kommen wir in die Welt, wo alle Pflichten schon für uns bereitstehen, und mit wenig Trotz und Widersinn fügen wir uns gewöhnlich darein. Es scheint oft ein Wunder, zu schauen, wenn frühmorgens Tausende zu ihren Tagesmühen sich begeben und ohne Widerspruch gehorsam tun, was ihnen von außen, von anderen befohlen ward. Setzt man sich abseits und schaut aus unbeteiligter Ferne, man glaubt ein Uhrenwerk zu sehen. Willenlos, mechanisch, ein Rädchen in das andere greifend und keines für sich selbst bestehend. Ja, aus Bequemlichkeit, aus Schalkerei, um eines anderen Genusses willen mag sich wohl jeder einmal drücken. Doch tiefere Ursache, Zweifel am gewählten Wege kommt selten nur zum Vorschein. Fast nur in den Romanen der Dichter. Widersinn aus Langeweile findet sich beim einfachern Gesindel wie bei reichgewordenen Tagedieben, und eben Langeweile oder Faulheit sind meist der Grund dieses Widersinns, nicht echter Zweifel im Gewissen, ob das geführte Leben, die ausgeführte Arbeit der eigenen Bestimmung wohl entspräche. So wachsen wir hinein in unser Leben im festen Glauben, die Wege frei zu wählen, und werden doch vom Anfang bis zum Ende wie ein anschmiegsamer Hund geführt. Wäre dies anders, es könnte weder die Welt noch der Mensch in Ordnung bestehen. Kein Führen, kein Folgen – beides ohnehin beschwerlich – wäre zu denken, und kein Organismus könnte zusammenwirken. Selbst Philosophen, durch eine unglückliche Gemütsanlage bestimmt, statt dem tätigen ein denkendes Leben zu führen, haben in Wahrheit vielleicht nicht soviel gezweifelt, als gemeinhin angenommen. Nachdem sie sich einmal zu ihrer Profession entschieden, wiesen ihnen Lehrer aus Büchern heraus den weiteren Weg, und ihr eigener Charakter tat nicht mehr, als diesen Weg für einen neuen Gang zu ebnen, einzuteilen und zu schmücken.

So sicher geführt und selbstverständlich wir also das Leben durchschreiten und nur klagen, wo unerfüllte Wünsche, Entbehrungen und Leid bedrücken, gibt es doch Momente oder gar Perioden unseres Lebens, denen der Zweifel als ein mächtig nagender, fressender Dämon heraufzieht, alles Glück, jede Spur von Zufriedenheit austilgend und selbst dem letzten sicheren Halt der Seele, unserer Hoffnung, Hohn lachend. So selten dieser Teufel uns erscheinen mag, so gewaltig tritt er auf, und so selten diejenigen sein mögen, die er niemals ganz verläßt, so bedauernswürdig und elend sind sie. Und wo der Dämon uns ergreift, ruft er mit schauerlicher Stimme: »Nackt bist du in dieses Leben und auf diese Welt gekommen, ohne Kleider, ohne Schuhe, ohne allen Luxus, selbst ohne Sprache! Denkst du, du hättest ausgerechnet einen Lebenssinn, eine unbedingt gültige Wahrheit mit in die Wiege bekommen? Auch hierin bist du nackend! Keine Hütte, kein wärmendes

Feuer in Sicht. Du bist allein noch auf dich selbst gestellt, versuche nur mit der wenigen Körperwärme, von den Eltern mitgegeben, hauszuhalten und zurechtzukommen – du achtest diese Güter doch als längst verflogen. Versuche nur aus dir selbst und dem Stoffe der Natur Ersatz zu schaffen – du wirst nur immer auf neue Lügen und Scheinbarkeiten stoßen –, und es wird dir immer kälter und frostiger mit jedem Schritt, den dein verzweifelt forschender Geist zur Wahrheit zieht und nur desto tiefer in das Nichts versinkt!«

3

Doch wie sollen wir uns in dieser Sache selbst behelfen, wie kann uns von anderen geholfen werden? Ist der Sinn des Lebens etwas, das man sich aus eigenem Genius selbst zusammenbastelt wie einen Schuh, das man sich strickt wie eine Jacke, das man vom Großvater erbt wie einen Mantel, vom Meister lernt wie ein Handwerk? – Ich will sagen ja, und daß er sich grundsätzlich gar nicht von diesen Dingen unterscheidet. Nichts davon besitzen wir von Anfang an, nichts zu unserer vollen und endgültigen Zufriedenheit, aber zu allem benötigen wir einen guten Willen, um es gehörig zu schätzen und zu gebrauchen. Dem trotzigen Kinde nützen im Winter die Handschuhe, im Sommer der Sonnenhut nichts, solange es seinen Sinn mit Gewalt dagegen stellt, sie anzunehmen.

In manchen verwirrten unsicheren Zuständen der Jugendjahre halfen mir die besten, vernünftigsten Ratschläge der Erwachsenen nicht einen Schritt nach vorne, und je mehr sie sprachen, desto sicherer wurde mir, daß ihnen jegliches feine Gefühl für die Wahrheit abging, daß sie stumpf genug waren, sich im oberflächlichen Schein zufriedenzugeben. Anstand, Höflichkeit wurden wo nur möglich als Falschheit und Verstellung entlarvt, die guten, großen Taten hingen voll von Egoismus und waren nicht mal groß für den, der sie aus anderer Sicht besah: Die siegreichen, ruhmvollen Schlachten Napoleons waren scheußliche Greueltaten wider alle Menschlichkeit, für den, der die Gewalt verachtet. Was gilt das Lebenswerk Mahatma Ghandis dem, dem die Gewaltlosen Feiglinge sind? Was ist der Papst den Atheisten, was ist den Christen der Anarchist Bakunin? Es läßt sich weder Gutes noch Großes auf dieser Welt vollbringen, das nicht von mehr als der Hälfte der Menschen für niedrig und gering geachtet wird. Wie sollte ein empfindsamer Jüngling, dem diese Gegensätze täglich in tausend Formen begegnen, der dennoch ein unbestechliches, sehnsüchtiges Verlangen nach der Wahrheit in sich trägt, wie sollte er nicht verbittern über diese Haltlosigkeit und Ziellosigkeit, mit der ihm das Leben begegnet? Wie sollte er von einem Leben, wie es seine Mitbürger führen, ein tüchtiger Beruf, ein Weib und ein paar Kinder, das erhoffen, was ihm kein Königsthron und kein Dichterlorbeer zu versprechen schien? Einen echten, unumstrittenen Wert zu schaffen, Taten zu vollbringen, die nicht der nächste Gedanke schon in ihrem Glanz vernichtet, die nicht die launische Menge in ihren ewig hin und wider schäumenden Wogen verschlingt. Muß nicht aus dieser Unmöglichkeit der schlimmste Verdruß am Leben, an der Welt und an den Menschen folgen? Selbst die Weisen wagte ich in schlimmen Augenblicken derartig zu verschmähen. Ich wollte sie oft nur ertragen, wo sie ironisch und bissig waren. Ein Mephisto, ein Heine, Schopenhauer oder Nietzsche und selbstverständlich eine Großzahl der neueren Schreiberlinge kommen in solchen Stimmungen gelegen, denen gar mancher Erwachsene sein Leben lang nicht völlig zu entwachsen vermag. Hier nützt alle Weisheit nichts; die beste

Überredungskunst wird einen emphatischen Zweifler nicht umstimmen.

Der Keim des Wandels zum Positiven, eine verborgene Neigung zum ewigen Wahren muß vorhanden sein. Dann ist es möglich, den Sinn des Lebens selbst zu machen oder einen ererbten zu gebrauchen. Wer den Wert eines guten Schuhwerks noch nicht zu schätzen weiß, wird, bei allen Versuchen, nichts in der Kunst des Schusters zustande bringen, das ihm Zufriedenheit einflößt; und wer im Mantel des Großvaters nur eine alte Klamotte sieht, wird nie mit Stolz und Freude darin einhergehen, mag er auch so wohl erhalten und ein Stück sein, wie heute keines mehr zu kaufen ist. Mit Ratschlägen unsrer Mitlebenden, mit unsern eigenen Gedanken und mit den Weisheiten unserer Vorväter verhält es sich ebenso.

4

Aber wie soll die seltsame, die ungeheure Operation vonstatten gehen, die uns fürs Leben einen Sinn, eine Wahrheit nach eigenem Geschmack zusammenflickt? Kommt hier nicht lauter Beliebigkeit hervor, das gerade Gegenteil der Wahrheit? So viele wackere Jünglinge haben schon den Tod gesucht und gefunden, weil sie diese Frage, nach innigster Erwägung, nur mit einem verzweifelten Ja beantworten konnten. Ihrem aufrichtigen, unbestechlichen Wahrheitsstreben sei hier die größte Ehre erwiesen. Dennoch behaupte ich jetzt, es sei bei unserer Operation von andrer Seite gesorgt, daß wir dem Belieben entgehen: Denn der Stoff, aus dem wir bauen, die Welt, die Natur, ist uns vorgegeben, und dieser Stoff verträgt wohl die verschiedensten Behandlungen, aber darum lang nicht eine beliebige. Wenn nur etwas Tüchtiges, Funktionsfähiges herauskommen soll, bei diesem Wahrheiten- und Gesetzemachen, müssen wir Natur und Menschennatur, so oft miteinander im Widerstreit, durch einen Kunstgriff versöhnen – nicht das eine für das andere beiseite schieben.

Newton las seine Gesetze nicht aus der Natur – wie heute fast jeder glaubt, da sie so selbstverständlich geworden. Er schuf vielmehr künstliche Definitionen, in denen er festlegte, was Geschwindigkeit, Beschleunigung, Kraft usw. sein solle, damit wir Menschen möglichst viele Erscheinungen der Natur in unserem Geiste nach einheitlichen Maßstäben fassen und somit vergleichen könnten. Was ihm als rohe Natur vorlag, waren wirre Erscheinungen wie Zeit, Länge, Schwere, und was ihm vom Menschlichen vorlag, waren die dunkelsten, widerstreitenden Begriffe dieser Erscheinungen und ihrer genannten Beziehungen untereinander, welche in unseren dunklen, widerstreitenden Köpfen ihr Unwesen trieben. Newton erließ Gesetze, wodurch beide Parteien, der menschliche Verstand und die Natur, zu ihrem Rechte kommen und jetzt in Ordnung miteinander umgehen und Handel treiben können – an Orten, wo früher nur wildes Marktgeschrei und Weibergezeter zu hören war. Sicher wäre eine ähnliche Wirkung auch durch anders lautende Gesetze möglich gewesen, und vielleicht eine ebenso gute. Newton hat nicht das eine wahre Gesetz gefunden, nach welchem sich die Welt in allen mechanischen Fragen zu richten hat: Solche Gesetze stehen allein im Codex Iuris Dei, welchen zu lesen wir uns aber in einen anderen Saal begeben müssen. Newton hat nur ein weltliches Gesetz verabschiedet, und ein anderer weltlicher Gesetzgeber wird es einmal wieder abschaffen, um ein neues, hoffentlich ebenso gutes, zu erlassen. – Bekanntlich werden Gesetze oft durch schlechtere ersetzt, und man soll nicht meinen, dies sei in den Wissenschaften anders. Nicht Newtons Gesetze sind unanfechtbar, sondern die guten

Wirkungen, welche von ihnen ausgingen und sicher noch lange ausgehen werden. Hier ist die reine, ungetrübte Wahrheit und Gültigkeit dieses Menschenwerkes zu suchen.

5

Wahr ist alles in dem Maße, als es uns gelingt, daran zu glauben. Also gibt es auch vollkommene Wahrheit, wenn es jemandem gelingt, etwas oder an etwas vollkommen und unbedingt zu glauben. Absolute Wahrheit, losgelöst von allen Zufälligkeiten, losgelöst von der Person, welche sie innehat, welche mit Unbedingtheit etwas glaubt, gibt es dann in höherem Sinne und ist nicht mehr an das besondere Objekt der Erkenntnis oder an ihre Ausgestaltung oder Form gebunden. Vielmehr liegt die absolute Wahrheit in der Sache der Wahrheit selbst, ist gewissermaßen ihr Fundament und ihr überspannendes Dach. Die Tatsache nur, daß einer an etwas als an eine vollkommene Wahrheit glaubt, macht ihn der absoluten Wahrheit teilhaftig. Nicht die Wahrheit zu finden ist schwierig – und wo sie gefunden wird, kommt die absolute Wahrheit von selbst als kostenlose Begleiterin hinzu –, es ist vielmehr schwierig, an eine Sache mit solcher Konzentration zu glauben, daß dem Zweifel keinerlei Raum mehr bleibt. Hierzu muß allerdings die Sache gründlich und mit vielem Tiefsinn hingebogen und erkundet sein, denn nur ein tölpelhaftes Gemüt glaubt an das erste beste. Dennoch ist ein in gewissem Grade naives und gut gesinntes Gemüt erfordert, welches nicht mit Verbohrtheit und aus purem Widerspruchsgeist andauernd den Zweifel schürt und mit mehr Energie den Widerspruch als die Wahrheit sucht. Die Großen zu allen Zeiten waren in dieser Weise gut gesinnt und naiv, denn nur so konnten sie unbeirrt ihre Kraft in die Verfolgung des hohen Zieles strömen lassen. Am kleineren Gemüt nagt ständig Zweifel und stört den eingeschlagenen Weg.

Unser Ziel und unsre Aufgabe ist, in das wirre Durcheinander, als welches die Welt, in die wir gesetzt sind, zunächst erscheinen muß, wo uns alles mit der Fratze der Zufälligkeit entgegentritt, um uns zum besten zu haben, in diesen boshaften Karneval eine künstliche, von uns hervorgebrachte Ordnung hineinzulegen. Dabei stehen uns im wesentlichen drei Wege offen: die Künste, als wohin ich auch die Handwerke, die Technik und die übrigen Fertigkeiten des praktischen Lebens zählen möchte, die Moral und die Wissenschaft.

In der Kunst nehmen wir den Stoff der Natur, ordnen ihn nach unserem Gutdünken, aber in einer Weise, die, so gut wir es fertigbringen, mit den natürlichen Strukturen zusammenklingt. Ich sage Strukturen und muß mich gleich darin verbessern. Denn Strukturen besitzt die Natur erst, nachdem der Mensch sie ihr eingepflanzt hat. Was es eigentlich ist, was in der Natur steckt und uns verbietet, sie nach jedem beliebigen Maßstabe zu ordnen und strukturieren, kann ich nicht anders als die himmlische Ordnung bezeichnen und muß zugeben, daß ich gar keinen rechten Begriff von ihr habe. Viele unsrer menschlichen Maßstäbe und Systeme sind ihr ähnlich, aber nichts davon ist ihr gleich. Viele verschiedene Methoden in der Landwirtschaft bringen guten Erfolg, aber keine ist so umsichtig und allumfassend, daß sie sämtliche Wetterumschläge, Ungeziefer- und Pilzplagen, Veränderungen der Bodenbeschaffenheit und der Luft in ihre Kalkulation beziehen könnte.

Jeder Erfolg ist ein Zeichen, daß wir uns der himmlischen Ordnung angenähert haben; jeder Fehlschlag, daß wir sie noch nicht erreicht. Noch lieber würde ich sagen, jeder Erfolg läßt uns einen kleinen Ausschnitt der himmlischen Ordnung gewahr werden, ja in Händen halten, während der Mißerfolg ein Griff ins Leere ist. Dabei ist die Wirkung einer Tat meist von beidem begleitet, und wir sollten den gelungenen Teil nicht geringer schätzen wegen des verfehlten. Auch das Licht wird uns heller in dunkler Umgebung.

6

Man könnte sagen, wir fahren in einem Zug mit häufigen Tunnels und recht kurvenreicher Bahn. Sind wir im Freien, sehen wir die Landschaft aus einem bestimmten Winkel und Licht und denken uns: Genauso sieht sie aus. Es ist ein Moment der Wahrheit, in dem wir uns befinden, und wir wähnen, ein für allemal auf dem richtigen Wege zu sein, das gesamte Panorama zu fassen. Für jetzt und hier haben wir wohl recht. Aber nun kommt ein Tunnel. Es wird finster auf unsrem Wege der Erleuchtung. Offensichtlich zeigt die Strecke, die wir gewählt haben, gewisse Mängel in Hinsicht auf eine ununterbrochene und gleichförmige Ansicht der Landschaft. Denn zu der verdrießlichen immer wiederkehrenden Finsternis der Tunnels fügen sich die Kurven der Bahn noch hinzu, und es mag häufig geschehen, daß dieselben Dörfer und Wälder vor und nach einer solchen Finsternis als völlig verschieden sich zeigen, wenn die Richtung unserer Fahrt sich inzwischen geändert hat. Erst nach neuerlicher, sorgfältiger Betrachtung wird die Identität bewußt, sofern unsere Geduld nicht schon zerrissen und unser Augenmerk inzwischen auf ganz anderes gelenkt ist.

Daß wir dieser Wahrheit, wo es um Erkenntnis geht, dieser Vollkommenheit, wo um Kunst und Moral, die man in unserem Gleichnis mit dem Anblick der Landschaft gleichsetzen mag, nie ganz und andauernd gewahr werden, liegt, nach dieser Betrachtungsart, nicht daran, daß sie eine Idee wäre und die Wirklichkeit nur ihr falsches Abbild, wie Platon sagt, sondern rührt vielmehr daher, daß wir nicht fähig sind, von der Welt und somit auch ihrer Vollkommenheit und Wahrheit mehr als kleine Ausschnitte zu sehen. Was wir sehen, ist nicht falsch, es ist nur zuwenig, der Blickwinkel zu klein, die Betrachtung durch häufige Unterbrechung und Wechsel des Standpunktes zerrissen. Könnten wir jemals das Ganze einer Sache sehen, so bräuchten wir keine Idee. Weil unser Geist hierzu aber nicht fähig ist, wohl aber, sich eine Idee, ein Abstraktum dieses Ganzen zu bilden, so nimmt er einstweilen damit vorlieb und hat, wie es scheint, einen recht brauchbaren Ersatz gefunden, der mit Fug auch Wahrheit heißen mag.

7

Wie ein Gegenstand der Natur sich als unkenntliches, nicht einmal wahrnehmbares Diffusum an der beigestellten Projektionswand zeigt, bis eine optische Linse oder Camera obscura dazwischengehalten wird, so bleibt auch die Welt dem Menschen nur ein Nebel, bis er sich Gesetze vorhält, durch welche die Himmlische Ordnung zu einer gewissen Abbildung in ihm gelangt. Die Gesetze sind nur sein künstliches Instrument, seine Lupe, seine Brille, womit er sieht, was ihm sonst ewig verborgen bliebe. Wir nehmen den Stoff der Natur und schleifen so lange am Glas der Regeln, Gesetze und Strukturen, bis uns vom Stoff, durchs Glas geworfen, ein Bild entsteht an der Ebene unseres flachen Geistes und wir den Gegenstand erkennen oder doch vorstellen können.

Am vortrefflichsten gelingt uns diese Operation in der Kunst: Weil hier nicht allein die Linse geschliffen, sondern auch der Stoff gewählt und festgehalten werden kann – im Leben ist er wechselhaft und flüchtig –, stehen wir auf festerem Boden. Doch gibt dies keine Narrenfreiheit. Unsere Schöpfung wird um so wahrer, je mehr sie die Natur und das Leben in sich schließt, und dies verlangt, daß der gewählte, festgehaltene Stoff erscheint, als wäre er ganz zufällig und frei, als wäre er das Leben selbst.

Wo immer wir in einer Kunst erfolgreich sind, haben wir das reine Gold der himmlischen Ordnung aus dem Schlamm des Lebensflusses herausgewaschen und uns nutzbar gemacht. Ein Stück Vollkommenheit – für einen Augenblick. Bald wird freilich der Lebensfluß seinen Schlamm wieder dazwischenspülen, es werden sich unerwartete Mängel und Schwierigkeiten zeigen. Die Vollkommenheit wird wieder getrübt. Dennoch war sie uns einen Augenblick in ihrem ganzen Glanze vor Augen.

Diese Betrachtungsweise sagt zwar nicht viel mehr als Platons, macht aber die Welt nicht gar so schlecht, wie er zuweilen getan. Sie ermuntert nicht so sehr, das Schlechte zu verachten und zu fliehen, als das Gute zu loben und anzustreben. Meines Erachtens der direktere Weg zum selben Ziel.

8

Übrigens liegt in einem höheren Sinne der Sinn des Lebens einfach darin, so zu sein, wie wir sind. Dies ist die einfachste, umfassendste und wahrste Deutung unseres Daseins, aber eben auch die schwerstverständliche. Zu ihrer Erkenntnis wird in vollem Umfange nur der Weise, ja vielleicht nur Gott gelangen.

9

Wenn Selbstzufriedenheit dem Totsein ähnelt, so der Zweifel einer schweren Krankheit, und wie wir den Tod zum Leben brauchen, so oft die Krankheit zum Gesundsein. Die kräftige Natur allerdings wird Tod und Krankheit zwar verachten, als Dinge, die der Seele keinen wahrhaften Schaden zufügen können, wird sie aber gleichzeitig mit allen ehrenhaften Mitteln von sich abwehren. Denn nur so können viele Werke mit der möglichsten Kraft vollendet und damit ein Leben mit Reichtum erfüllt werden. Also wird auch der Zweifel, als eine schlimme Krankheit der Seele, mit aller Macht zu bekämpfen und zu überwinden sein. Doch muß man beachten, daß, wie bei den Übeln des Körpers ein Arzt leicht zuviel seiner Kunst anwendet und seinen Kranken damit dem Tode näher bringt als dem Leben, man auch leicht, wenn man den Zweifel mit den falschen Mitteln bekämpft, in Selbstzufriedenheit verfallen kann, welche nicht besser ist als der Tod. Der Tüchtige wird daher den Zweifel verachten, mit Entschlossenheit den Gefahren des Lebens und dem stets ungewissen Schicksal entgegentreten und dabei doch niemals sich selbst für vollkommen ansehen, vielmehr stets Neues zu lernen bereit sein und Altes, früher für gut Befundenes, neu zu bedenken und zu verbessern. Denn was wir gestern entschieden und für gut befunden haben, ist, wenn es uns heute wieder begegnet, ein Neues und gar nicht mehr dasselbe, und wir brauchen uns nicht zu schämen, heute anders darüber zu urteilen. Schließlich, wenn ein solcher Wandel eintritt und wir die Sache auf uns selbst nehmen, als einen eigenen Fehler der Kurzsichtigkeit auslegen, so zeugt dies von Großmut und wird von den anderen gerne gesehen und geachtet.

Über den Vorteil, die Idee des Guten zu kennen

Keine Kenntnis ist schwieriger und keine von größerem Nutzen. Wer die Idee des Guten sieht, wird nicht verstört, wenn ein neues Gesetz verbietet, was das alte erlaubt, wenn in der einen Sittenlehre das Gegenteil einer anderen gefordert wird, wenn jetzt und hier gut sein soll, was dort und damals Sünde war. Wer die Idee des Guten kennt, weiß, daß Sitte und Gesetz nur Hülle und Gewand darstellen, daß sie Gerüst und irdisches Hilfsmittel sind, das Gute zu erstreben und überhaupt erst kennenzulernen. Je tiefer einer die Idee kennt, desto gelöster und freier wird er die Welt beurteilen, und desto ungezwungener wird er handeln. Und er wird beides besser tun als der in Verordnungen Verstrickte. Mag er einmal Anstoß erregen und geköpft werden, so hat er doch besser gehandelt und gelebt als der Gesetzestreue.

Nur muß diese Lehre geheim bleiben, denn nicht jeder ist für die Freiheit geschaffen. Viele würden daraus gerne eine eigenmächtige Moral oder gleich die Libertinage ableiten. Doch für eine eigenständige Umwertung der Werte ist der Mensch zu schwach. Er muß eingebettet sein in Tradition und Gesellschaft und vermag höchstens kleine Schritte zu tun, die von diesem Rahmen abweichen. Nietzsches Übermensch, der diese Ketten sprengen soll, ist weder möglich – er müßte denn ein Gott sein und mit einer selbstgemachten Welt auskommen –, noch ist dieser Übermensch in irgendeiner Weise nötig. Denn lebendige Erneuerung erfährt die Welt auch ohne ihn seit aller Zeit, und auch der Götter wie des Göttlichen, Übermenschlichen ermangelt sie keineswegs, solange sich Menschen dafür öffnen. Es ist in keiner Weise einzusehen, warum ein Austausch der jetzigen Werte mit völlig anderen, etwa ihnen entgegengesetzten, der Schöpfung irgendwelches Glück bringen sollte. Man findet sich nicht glücklicher im Westen als im Osten, die Bäume wären nicht schöner blau als grün, ein gebratener Hase würde nicht besser munden, wäre er etwa mit Flügeln anstatt der langen Ohren ausgestattet. Wieso mit Gewalt etwas ändern wollen, das sich allmählich von selbst ändert, wieso erzwingen, was ohnehin Naturgesetz ist. Allmähliche Umwandlung und Veränderung der Gesetze ist notwendig, damit wir vor Augen behalten, daß nicht in ihnen und ihrer Befolgung das letzte Gute liegt, sondern daß sie nur Mittel und Hilfe auf unserem Wege sind. Wäre uns dieses Gleichnis deutlicher, wenn sich die Werte in ihrer Umwandlung überstürzten? Die, denen es jetzt nicht deutlich, sie werden es nimmer verstehen, und durch heftigere Umwandlungen und Instabilitäten des Gesetzeswesens würden sie so durcheinandergebracht und in ihrem Glauben an das Recht erschüttert, daß sie schließlich jegliches Bemühen zum Guten aufgäben und damit die Laune und die Willkür für erlaubt hielten. Wer aber die Idee kennt, macht sich zum Herrscher über Laune und Willkür, ihm sind das wechselhafte Schicksal und der Zufall untertan.

Zuviel Lobes nutzt sich ab

Wer seinen Diener nicht loben kann, ist arm an Großmut und Güte. Wer seinen Herrn nicht loben kann, ist voller Neid und Mißgunst. Wer die Welt, wer Gott nicht loben kann, hat eine kleine enge Seele. Man lobt das andere nur, wenn sich im eigenen Herzen ein Spiegel dafür findet. Wir blicken mürrisch und ohne Achtung auf Dinge, die wir nicht selbst besitzen, und verbeißen uns daher jedes Lob. Wer Gott mit aufrichtigem Herzen loben kann, dem gehört die ganze Welt. Er betrachtet seines Nachbarn Haus als sein Eigentum wie den Mond und die Sterne, auch wenn ihm unvergönnt bleibt, diese Dinge mit dem irdischen Leib zu betreten. So wenig er hier eine schmerzliche Grenze zwischen Seinem und Anderem empfindet, so wenig zwischen seiner Leistung und der eines Geringeren. Er freut sich gleichermaßen an beiden und muß sie gleichermaßen loben.

Ich selbst lobe viel und gerne, und wenn ich bei Personen, die über mir stehen, damit zurückhaltender bin, so nur, um Anmaßung und Unschicklichkeit zu meiden – weil mit dem Lob doch immer ein Urteil zusammenhängt und dieses nicht jedermann zusteht. Auch haben die Geringeren das Lob nötiger, obschon es die Größeren besser verdienten. Wenn ich nun darüber denke, wie ein Lob auf mich selbst wirkt, so sehe ich, daß diejenigen, die oft loben, damit wohl ein Verhältnis heiterer, vergnüglicher Höflichkeit stiften, man sich im ganzen aber nicht mehr gelobt, ja kaum mehr geschmeichelt fühlt, als wenn ein ernsterer Mann ein einziges Mal im Jahr mit Bestimmtheit seine Bewunderung zollt. Also scheint nicht die Menge und Häufigkeit des Lobes entscheidend, sondern, wie so oft, die Wahrhaftigkeit der Gesinnung, die sich dadurch ausdrückt, und die Achtung, die man selbst dem Lobenden entgegenbringt.

Über die Heilkraft

Die meiste Wirkung der Arznei beruht auf Glauben. Unsere Ärzte sind erfolglos, weil sie diese Wahrheit nicht achten, und sie sind erfolgreich, weil es dennoch die Wahrheit ist. Sie stellen an ein Heilmittel die Forderung, es müsse seine gute Wirkung tun, selbst wenn der Kranke nicht einmal von seiner Behandlung wüßte – ja wenn sie selbst nicht einmal davon wüßten und dem Kranken das Mittel nur zufällig in seine Nahrung gelangte. Dies ist absurd. Erfolg wird überall nur beschieden, wo eine Anstrengung, ein starker Wille vorhanden. Jede Anstrengung benötigt aber den Glauben an das Gute ihres Ziels. Dann wird sie zur Quelle einer geheimen Kraft, mittels derer ein großes Werk oder eben Genesung von Krankheit sich herstellen läßt.

Diese Kraft ist das eigentliche Heilmittel, und sie ist weder an chemische Elemente noch an Zauberformeln gebunden, sondern verbindet sich leicht einmal mit diesem, einmal mit jenem und ist am dritten Tage vielleicht vorbei, nichts mehr davon aufzufinden. Diese Kraft finden wir im Kranken, weil er einen starken Willen zum Leben in sich trägt. Diese Kraft finden wir im Arzt, weil er mit vieler Mühe sein Studium im Dienste der Gesundheit absolviert, weil er jeden Tag in diesem Dienste seine Kräfte opfert. Diese Kraft steckt in Heilmitteln aller Art, weil Generationen von Kundigen ins Mischen und Erproben setzten, weil Scharen von Wissenschaftlern ihr Leben in dunstigen Labors hingeben um einzig der Menschen Gesundheit willen. Darin und in Gottes Gnade ruht die wahre Heilkraft jeder Medizin, und weder Penicillium notatum noch Penicillium chrysogenum, noch Insulin und künstliche Niere vermögen etwas auszurichten ohne diese geheimen unsichtbaren und doch allgegenwärtigen Energien. Alle Mittel und Maßnahmen sind nur ein Ausdruck, die körperliche Erscheinung, ja nur die Maske davon. Dementsprechend werden sie wirkungslos, sobald das Agens sich zurückzieht und sie als Hülle leer zurückläßt.

Über die Mühe

Im voraus scheinen alle Unternehmen leicht, und die im Geiste ausgemalte Schönheit und Herrlichkeit überstrahlt jeden Gedanken an zu erwartende Schwierigkeiten. Während der Ausführung, solange alles vorangeht, ist die Mühe ebenfalls nicht spürbar, so wenig wie die Zeit. Die Konzentration des Schaffenden ist der Feind jeglicher Besinnung, und nur in ihr wird uns der Schweiß zur Last. Gerät aber die Arbeit ins Stocken, bekommt der Geist in einem Augenblick der Ruhe Gelegenheit, über die Anstrengungen nachzudenken, wird das ganze Elend bewußt, und man fühlt sich klein gegen die Forderungen, schwach gegen die Ziele, welche man sich doch selbst gesetzt. Mit Überwindung springt man von neuem in die Flut der Tätigkeit, wird fortgerissen und drängt selbst voran.

So geht es hin und her, bis alles fertig steht. Dann findet man sich wieder in der Lage, von der man ausgegangen: Man übersieht das Werk, verfährt gnädig mit seinen Schwächen und erfreut sich im ganzen an der akzeptablen Vollkommenheit. Die Mühen und manches zähe, kräftezehrende Vorankommen sind jetzt vergessen. Nur ist man gegenüber dem ersten Zustande geläutert, das Schwärmen hat sich mit Durchdringung der inneren Realität des Projektes vermischt, ist überlegener, nicht unbedingt kühler geworden.

Über Freiheit und Notwendigkeit

Wer auf Schule und Universität Naturwissenschaften eifrig studiert, bringt ein gutes Körbchen Theorie mit nach Hause und freut sich, manches von den Regeln und Prinzipien dieser Welt, von den Gesetzen, nach denen sie unabänderlich ihren Weg fortschreiten muß, durchschaut und sicher gefaßt zu haben. Was er gelernt, ist in sich schlüssig und gar durch Versuchsreihen und Experimente am harten Prüfstein der empirischen Wirklichkeit gerieben – es hat einigermaßen standgehalten und wurde noch geschärft.

Nun begibt er sich ins Leben und muß bald einsehen, daß die vielen Gesetze seiner Theorie in diesem anderen Staate ihre Gültigkeit einbüßen. Sie behalten ihre Logik zwar, aber der einzelne abstrakte Fall, der eigens einmal konstruiert wurde, um sie zu destillieren, der läßt sich in der Wirklichkeit nicht auffinden. Was nützen ihm die Gesetze des freien Falls, wenn sich diese nirgendwo in der Natur bestätigen, außer im Labor, wo Natur und Theorie wenigstens eine ungefähr harmonische Ehe führen. Was nützt ihm, daß er sagen kann: Wären alle Wirbelströme, die Inhomogenität der Luft und ihrer Dichte, die Unförmigkeit meines Flugobjektes, die ständig mit der Höhe sich verändernde Gravitationskraft, die magnetischen Felder, die elektrischen, sämtliche Strahlungen und Wellen aus der Atmosphäre und dem Kosmos und tausend andere Einflüsse, von deren Natur wir noch nicht die leiseste Vorstellung besitzen – wären all diese Einflüsse beseitigt, dann müßte mein Flugkörper eigentlich die Gesetze der Theorie mit ausgezeichneter Treue befolgen. Dies würde aber soviel sagen wie: Wären mir Größe und Richtung der Summe aller Kräfte, die mein Körper erfährt, und seine Masse zu jeder Zeit bekannt, so würde mir die Gleichung, welche die Beschleunigung als Quotienten von Kraft und Masse definiert, sagen können, wie sich dieser verhält. Nur bleibt hier nicht mehr als die simpelste Tautologie. Ich sage nichts, als was ich zuvor definiert habe.

Unser Mann, der etwa einen Körper aus großer Höhe zur Erde fallen lassen will, vielleicht an einem Fallschirm, muß sich ggf. um nichts weniger kümmern als um den Apfel Newtons und die Gesetze, welche dieser sich aus jenem und seinem Fallen abgeleitet. Aus diesem Umstand und tausend ähnlichen ergibt sich der weitberühmte Unterschied zwischen Theorie und Praxis, zwischen Wissenschaft und Leben. Die Theorie ist genauer und alles Logische ihr alleiniges Eigentum, die Praxis ist häufiger und wird von den meisten sogar höher geschätzt. Dennoch befinden weder die Praktiker für falsch, was Theorie ist – eben nur für unpraktischer und dem täglichen Leben fremder –, noch die Theoretiker, was Praxis. Diese paßt ihnen zwar nicht in die Formeln, aber sie müssen sie, als ungenaue und schlechter faßbare, doch nichtsdestoweniger wirkliche Wirklichkeit gelten lassen.

Mir diene dies nun zum Gleichnis für die Philosophie. In ihr herrscht ein uralter Streit, ob nämlich die Freiheit oder die Notwendigkeit das menschliche Leben beherrsche. Kann ich meine Handlungen frei entscheiden, hätte ich also in einem gegebenen Fall auch etwas anderes tun können, als ich getan, oder werde ich wie die tote Materie, wie Pflanze und Tier, von Ursachen, Reizen und Motiven unabänderlich und unerbittlich zu dem getrieben und bestimmt, was ich tue, selbst was ich denke und fühle? Der scharfe Beobachter wird feststellen, daß für jede menschliche Handlung, für jeden Gedanken und jedes Gefühl eine außer ihm liegende Ursache zu finden ist, muß er sie auch zuweilen um mehrere Ecken verfolgen, bis sie sich fassen läßt. Er wird finden, daß der Mensch am Ende ein funktionierender Teil ist in der riesigen Maschine dieser Welt, daß ihm ein fester Platz darin zugewiesen wie einem Zahnrad im Getriebe, das er vor und zurück muß, je nachdem sich die Rädchen seiner Nachbarschaft bewegen, und es diesen Nachbarn ganz genauso ergeht. Kein denkender Mensch wird ihm diese Theorie, die sich an jedem Teil des Lebens bestätigen läßt, widerlegen wollen. Und doch wird jeder anders leben, in seinem Bewußtsein das gerade Gegenteil dieser Theorie fest eingewurzelt mit sich führen, nahezu das ganze Jahr hindurch: nämlich zu jeder Zeit und überall frei entscheiden zu können, was er tun und lassen will.

Ein Freund sagte mir, er wolle nun überhaupt nicht mehr an die Entscheidungsfreiheit und Verantwortlichkeit des Menschen glauben, seitdem er so deutlich einsehe, daß alles im Leben notwendig sei und von äußeren Umständen dem Menschen diktiert. Es half mir nichts, ihm zu erklären, er glaube, eben indem er diesen Glauben an die Entscheidungsfreiheit ablehne, nichts stärker als gerade an diese. Wie anders könne er sich sonst die Vollmacht anmaßen, über Glauben oder Nichtglauben, über Für-wahr-Halten oder Für-unwahr-Halten zu entscheiden. Ich fragte, wie kannst du ablehnen, einen Zustand deines Bewußtseins für wahrhaftig zu halten, in dem du dich nahezu dein ganzes Leben hindurch befindest. Was bleibt dir übrig von deinem Leben, wenn all dies Lüge sein soll? Die wenigen Augenblicke, in denen du dich rückhaltlos in die Betrachtung der Notwendigkeit versenkst? Und alles andere Falschheit, Trugbild? Welch eine üble Schöpfung müßte diese Welt und dieses Leben sein! Du machst sie dir selbst armselig und leer, wenn du sie so beschneidest.

Diese einseitige Hinneigung zur gesetzesmäßigen Notwendigkeit allen Geschehens käme ungefähr heraus, als würde der Flugzeugbauer von nun an nur noch an die theoretische Physik glauben und sein eigenes Handwerk verachten, am besten ablegen, weil es mit ihr und ihren Gesetzen nirgendwo zusammenstimmen will, sie aber doch in sich schlüssig und logisch, also beweisbar ist und daher jenem vorzuziehen. Ebenso müßte der Arzt seine Praxis schließen, um von nun an einzig der Schulmedizin seinen Glauben und seine Verehrung zu widmen. Alles Praktische müßte so der Theorie geopfert werden und das Leben schließlich erlöschen. Ein anderer Teil der Menschen wird vielleicht der gegenteiligen Gefahr näherstehen und als besessene Praktiker die Theorie für gar nichts, für Phantasiegebilde erachten, ohne einzusehen, daß diese ihre Gültigkeit sehr wohl behaupten und auch nutzbar machen kann. Der Vernünftige wird beide nebeneinander gelten lassen, obschon sie sich nirgendwo decken, oft gar widersprechen und doch denselben Gegenstand behandeln. Sehr wohl aber können sie einander fruchtbar sein, indem jede in die andere Samen und Dünger streut und ihr Wachstum fördert – wie die Biene sich von der Blüte nährt, also eigentlich ihr Feind, ihr Gegensatz ist und sie dennoch befruchtet.

Dasselbe sollte geschehen bei den Betrachtungsweisen über das Leben: ob Freiheit oder Notwendigkeit darin walte. Sie sollten uns beide als wahr gelten, obgleich sie sich nicht gut vertragen und zu widersprechen scheinen. Da wir nicht fähig sind, sie in eins zu fassen, sollten sie uns wechselweise dienen, das Leben zu begreifen und zu bestehen. Einmal wollen wir Ursachen und Hintergründe einer Handlung, ein anderes Mal ihre Ursprünglichkeit betrachten. Einmal denken wir uns die Sonne ruhend, während die Erde kreisend sich um jene bewegt – gewöhnlich jedoch und jedem Lebewesen zutiefst eingewurzelt ruht die Erde, während die Sonne sich des Morgens erhebt, den Tag bringend, und ihn nehmend sich des Abends zur Ruhe begibt. An dieser Selbstverständlichkeit konnten Kepler und Galilei und kein Lehrmeister bis auf den heutigen Tag etwas ändern. Wäre es hier nicht lächerlich, wenn ein Astronom am Sonnenaufgang, wenn ein romantisches Gemüt an der Betrachtungsweise der sich drehenden Erde Anstoß nähme und sie sich heftig stritten, wem nun die Wahrheit beistünde?

Berühren wir noch eine weitere Vorstellung in diesem Zusammenhang: Einerseits sollten wir uns die Welt denken als ein vollkommenes, durch und durch geplantes und bestimmtes, in nichts dem Zufall überlassenes Gebilde, in dem alle Dinge von und in Ewigkeit in unabänderliche Verhältnisse zueinander gesetzt sind und daher auch in unserem zeitlich und räumlich begrenzten Dasein niemals etwas auf andere Weise geschehen darf, als durch diesen Weltplan festgelegt. Da wir uns keinen Gefallen täten, Gott anders als allmächtig und allwissend vorzustellen, muß er alles wissen, was geschieht, und mußte es zu allen Zeiten gewußt haben, und es konnte und kann daher niemals anders geschehen, als durch ihn in seiner Weisheit festgelegt. Um nun mit unserem eher beschränkten Verstande hier etwas zu fassen, sind uns die Begriffe der Ursache, der Wirkung und der Notwendigkeit allen Naturgeschehens gegeben – gewissermaßen als Symbol des Unveränderbaren, in sich Vollkommenen, Ungeschaffenen und Unzerstörbaren. So läßt uns die Bestimmtheit im kleinen ahnen, daß auch im Großen keine Beliebigkeit herrscht. Aber alle Vollkommenheit hätte nicht vielen Wert, wäre sie nicht gewollt, nicht das Produkt eines festen, sich selbst wohl kennenden Willens, nicht eine Schöpfung des allmächtigen Gottes, mithin nicht lebendig. Um unserem kleinen Fassungsvermögen dieses Lebendige einigermaßen vorzuführen, geschieht uns alles neben- und nacheinander, und das weltliche Gesicht des Immerbestehenden, in sich Vollkommenen erscheint uns als Werdendes, fortwährend in Schöpfung Begriffenes. Zum besseren Erahnen des gewaltigen Umstandes, daß all dies gewollt und mit Absicht so geschehe, ist uns, wiederum symbolisch gewissermaßen, das Bewußtsein der Freiheit gegeben, als ein Gefühl, wir könnten uns und manches andere selbst bestimmen, wären unablässig am sich entwickelnden Schöpfungsakt der Welt beteiligt – und vielleicht mag gar ein Hinweis darin liegen, wir könnten am eigentlichen, ursprünglichen und alles umfassenden Schöpfungswillen in irgendeiner Form unseren Anteil haben.

Es sollten sich die Philosophen besseren Streitgesprächen widmen, als darüber, ob es für den Menschen Freiheit geben könne oder nicht. Für das Vorhandene sollten wir angemessene und nach Möglichkeit vorteilhafte Deutungen ausfinden, nicht unsere Energie verschwenden, es zu widerlegen.

Über die Glaubwürdigkeit des Weisen

Um wieviel wird die Weisheit des Philosophen gemindert, wenn er sie selbst im praktischen Leben verfehlt? – »Wer eine Lehre auf tiefen Grund und Wahrheit prüfen will, frage zuerst, ob der Lehrende selbst denn fähig war, die eigenen Maximen zu befolgen, und wenn ja, wie ihm dies bekommen!« Auf diese Weise sucht sich jeder gerne vor der Flut moralischer Unterweisungen und wohlgemeinter, jedoch strenger Ratschläge seiner Mitmenschen zu schützen. Zum Teil mit Recht: Man kann von solcher Prüfung Aufschluß erhoffen über die Gründlichkeit und Gewissenhaftigkeit des Ratgebers. Und, wenn nicht einmal dieser seine Lehre ernst nimmt, nur Worte macht und nebenzu das Gegenteil praktiziert – wie die Philosophen Lukians, welche unermüdlich die Tischgenossen der Gastmähler schmähten als Sklavengetier der Sinnenlust, aber nur, um selbst mehr von den fetten Bissen und Schüsseln abzubekommen –, dann ist eine solche Lehre nicht mehr, als wäre sie dem Quell des Zufalls entsprungen, als hätte sie ein Papagei oder ein Sprechmechanismus von sich gegeben. Von einem Rat erwarten wir nicht nur den schönen Klang, sondern auch den tiefen Grund und die gute Absicht. Streng betrachtet müßte uns dies zwar von geringerer Bedeutung sein, denn wir sind schließlich verpflichtet, den Worten selbst auf ihren guten Grund zu fühlen und einer richtigen Weisung zu folgen, ganz gleich wer sie uns nahelegt und in welcher Absicht. Aber der menschliche Bezug gilt uns immer am höchsten: Einem Dummkopf, welcher Halbwahrheiten phantasierte, wären wir eher bereit zu glauben, als einer Maschine, wenn sie spräche wie Plato. Wo unsere Seele den Hauch ihresgleichen vermißt, läßt sie nichts und niemanden ein. Außerdem, warum sollen wir auf diejenigen hören, die nur daherschwätzen, ohne selbst hinter ihren Worten zu stehen, wo es doch viele aufrichtige Weise gibt, die uns mehr sagen und dies auch noch durch Menschlichkeit belegen.

Es wird allerdings diese Probe oft auch aus Bequemlichkeit gestellt. Denn man sagt leicht: Erst soll einer seine hohen Lebensregeln einmal an sich erproben, bevor er das von anderen verlangt. In der Stille darf man dann hoffen, daß ihm dies doch nie vollkommen gelingen und man selbst damit aller Verpflichtung entbunden sein wird. Auf jeden Fall schafft man sich vorerst Ruhe. Sicher, wenn man etwa betrachtet, wie die Kyniker und andere Philosophen bei Lukian dargestellt werden, mit den strengsten Lebensregeln und den unzüchtigsten Lebensweisen, ist man geneigt, ihren Lehren zu mißtrauen. Andererseits waren auch unter den ernsthaftesten und edelsten Lehrern der Menschheit nur wenige, welchen nachgerühmt wird, ihre eigene Regel nie verlasssen zu haben. Vielleicht zählt Kant dahin, vielleicht Thomas von Aquin und wohl Sokrates. Bei Platon weiß man nicht viel darüber, bei Aristoteles hört man manche Anekdote, Cicero war bei weitem nicht so tapfer wie die Helden seiner Schriften, und Seneca war im praktischen Leben vielleicht nur ein besserer Höfling Neros. Sollen wir diese Nachreden, seien sie nun wahr oder erfunden, als bequeme Rechtfertigung benutzen, die oft unbequemen Forderungen solcher Männer nach Rechtschaffenheit zu umschleichen? Max Scheler sagt, der Wegweiser begleite uns gewöhnlich nicht mit ans Ziel, welches er dennoch sehr gut anzeigen könne. Damit ist vielleicht einiges gemeint: Denn stelle man sich einen Wegweiser vor, der mitginge und dann einmal selbst am Ziel wäre – er würde ferner nicht mehr an der Wegscheide stehen, also keinem mehr zu Hilfe sein. So opfert er sich gewissermaßen und bleibt, obwohl er das schöne Ziel wohl kennt und es ihm womöglich am leichtesten wäre, hinzugehen. Daher auch oftmals diejenigen Weisen, welche nur ihr Ziel, das Leben in Weisheit zuzubringen, verfolgten, am wenigsten Wirkung getan. Denn sie waren den gewöhnlichen Menschen, welche sich erst am Anfang oder in der Mitte ihres Weges befanden, zu fern, nicht mehr sichtbar, entrückt und konnten ihnen daher nicht helfen. Nur die Heiligen, die auch Menschen waren, mit Fehlern und Versuchungen, können den Menschen Beispiel sein. Wer nur weise und makellos ist, erscheint unwirklich und sein Zustand für gewöhnliche Menschen daher nicht erstrebenswert. Auch Gott hat dies eingesehen und ist als Mensch erschienen. Oft sind uns demnach Denker und Dichter besonders nahe, wenn sie zuweilen mehr von ihrem Temperament als der philosophischen Temperantia geleitet wurden.

In anderen Dingen sind wir keineswegs so kleinlich. Hier verlangen wir nicht vom Theoretiker, daß er seine Pläne mit eigenen Händen ausführt. Wir lachen ihn nicht aus, wenn er seinen Rat und seine Anordnungen an die Männer der Praxis weitergibt. Sicher bewundern wir die alten Könige, wie sie in vorderster Schlachtreihe so tapfer kämpften, daß sie allem Gefolge ein Vorbild waren. Und auch ein heutiger Staatsmann wird mehr beim Volke gelten, je weniger sein eigener Lebenswandel im Widerspruch steht zu dem, was er seinen Regierten abverlangt. Wenn ein Erfinder im Notfall auch seinen Mechanikern beistehen kann und sich in dieser Kunst weder zu ungeschickt zeigt, noch zu schade, einmal schmutzige Hände zu bekommen, wird ihm dies nicht wenig Ansehen verschaffen. Wo diese lobenswerten Qualitäten jedoch fehlen, und dies scheint oft der Fall, verschmäht man dennoch nie die höhere Einsicht des Fachmanns.

Wenn die Kur eines Arztes bei ihm selbst versagt, muß

sie deshalb für andere auch untauglich sein? Wenn er uns Bewegung anrät und frische Luft, hat er damit weniger recht, weil er selbst zu Hause sitzt, wohl gar noch rauchend, und medizinische Schriften studiert? Bereitwilliger werden wir sicher den Anweisungen eines anderen Arztes folgen, der selbst ein Vorbild und lebendiges Beispiel für Trefflichkeit und Heilsamkeit seiner Kuren darstellt. Allein die Ehrfurcht, die er einflößt, läßt uns gehorsame Schüler sein. Um der Wahrheit Willen jedoch und für unser eigenes Wohlergehen muß uns jeder gute Rat verpflichten, mag seinem Spender auch die Kraft abgehen, ihn zu befolgen.

Nur in Fragen der Moral will jeder selbst gerne König sein und alleiniger Experte. Und wenn er sich selbst auch nicht so weise dünkt, sucht er zuerst bei andern ihre Schwächen, um sich dann in Selbstgenügsamkeit zurückzulehnen und zu sagen: Die sollen schweigen, die sind selbst nicht besser, und schon gar nicht so gut, wie sie verlangen, daß ich es sein soll. Wie vielen ist durch diese Bequemlichkeit jeder Zugang in die schönen Lehren und Welten der Philosophie und Religion verwehrt! Dabei handelt es sich oft nur um kleine Sünden, vorübergehende Schwächen, leichte Krankheiten oder Übelkeiten, welche gelegentlich die Seele des Weisen wie sonst den Körper ganz natürlich heimsuchen.

Die wuchernde Wissenschaft

παντα εν πασιν

Hauptsache beim philosophischen Studium ist, mit größtmöglicher Aufgeschlossenheit sich auf den kleinstmöglichen Kreis zu beschränken. Nicht die Masse macht das Bild. Weder Größe der Leinwand, noch Pfunde noch Anzahl der Farben, nicht einmal Mannigfaltigkeit der Formen und dargestellten Stoffe heben notwendig die Qualität einer kunstvollen Malerei. Der Meister beschränkt sich, und je höher er steigt, desto konsequenter vermeidet er das Unwesentliche, das seinem Wesen Erläßliche. Meint er darum, seinen Horizont zu verengen? Er weitet ihn mit jeder neuen Beschränkung, weil sie ihn einen Schritt in die Tiefe führt. Dort erst entfaltet sich das wahre, unermeßliche Panorama. Der Insektenforscher wie der Astrologe stanzt mit optischen Linsen ein kleines Loch aus der Welt und entdeckt darin eine neue ganze Welt, die alte nämlich, die unsrige. Wer alles sehen will, wird nichts sehn. Sein Auge wird ertrinken in der Bilderflut.

Unser Gefäß ist klein. Kaum mehr als ein Beruf, eine Liebe und ein Gott findet darin Platz. Der Rest des Lebens besteht aus Tand und Beiwerk, nicht tauglicher, als die unzähligen Löcher und Fugen der großen Inhalte zu stopfen. Wie wenig erst ist unserem Bewußtsein gegenwärtig! – selbst dem Gebildeten, ja selbst dem Geistreichen. Wir gehen mit angelegten Scheuklappen durch die Welt. Die Bühne in unserem Kopf ist so klein, daß der vorige Gedanke abtreten muß, bevor ein neuer auftritt, und oft, wenn dieser nur etwas korpulent ist, muß er sich gar in Stücken zeigen, weil anders ihm die Rampe nicht ausreicht. Ebenso mit den weiblichen Darstellern, den Wahrnehmungen. Dabei sind die Bretter nur schwach, sie drohen bei schweren Akteuren oder heftigen Aktionen einzubrechen.

Die Stunden, die ich hier verschreibe, sind vielleicht nicht die trübsten meines Lebens, und man sollte annehmen, daß wenigstens hier mein Auge ein ausgedehntes Feld überblickt. Weit gefehlt. Ich hänge an meinem Faden wie die Magd am Spinnrad. Kaum einen Blick nach links oder rechts. In unseren Augenblicken höchster Konzentration sind wir notwendig am beschränktesten. Von unseren erlernten Künsten und Wissenschaften tragen wir einen armseligen Brotsack mit uns herum, vor allem, wenn wir sie für ein paar Jahre nicht in Ausübung pflegten. Selbst die Muttersprache ist denen, die lange in der Fremde leben, nicht mehr ad hoc zur Verfügung. Was wollen wir dann vom Latein und Griechisch sagen. Steh ich vor meinen Büchern und besinne mich, was von dem Gelesenen nun eigentlich im Kopf geblieben ist, so überzieht mich Scham viel mehr als Stolz über diesen großen falschen Schein. Ich hoffe noch auf eine kaum spürbare, reinere Atmosphäre, die um meine Seele herum von alldem sich erhält. Aber garantieren möcht ich auch davon nichts, bin ich doch zuweilen prosaisch, wie man sich nur den Ungebildetsten denken kann. Wie der Körper des Sportlers nach kurzer Zeit ohne Training und bei faulem, ungesundem Lebenswandel erschlafft und dann kaum mehr ist als der eines routinierten Stubenhockers, so auch unser Geist. Eine Abstinenz von ein, zwei Jahren genügt, um in einer Kunst dem Nullpunkt wieder nahe zu sein. Fast in völlige Ignoranz sind wir dann gefallen. Die läßt sich zwar mit etwas weniger Mühe überwinden, als es dem Ungelernten möglich wäre, ist aber im

Augenblick des Neubeginns und somit auch die ganze Zeit, die wir sie mit uns umhertragen, so umfassend, daß wir den Ungelernten näher als den Gelernten stehen. »Ich hatte auch mal Latein in der Schule«; »Früher hab ich auch Gedichte gemacht und gezeichnet«; »In meinen jungen Jahren war ich ein guter Fußballspieler«. In solchen Reden protzen wir gerne mit einer Universalität, die uns nicht gehört. Ich will nichts wissen von diesen Accessoires an dilettantischen Zeitvertreiben. Sag mir einer, welche Tätigkeiten das Zentrum seines Lebens bilden: Es werden nur wenige sein, aber durch sie ist er geprägt und auf der Stelle fähig, etwas darin zu leisten. Hier lerne ich ihn kennen, seine wahren Züge, seine Brauchbarkeit. Das andere ist unvermeidbarer Staub in den Runzeln eines langen Lebens.

2

Alle Wege führen nach Rom, sagt man. Will ich sie alle gehen, ist mein Leben zu Ende, bevor ich noch auf jedem einen einzigen Schritt getan hab. Der sicherste Weg, Gott zu verfehlen, heißt, ihn auf allen Wegen gleichzeitig suchen. Wollte man sämtliche Religionen annehmen, um nach vollständigem Abwägen mit begründetem Urteil die richtige zu erwählen, man würde keine einzige verstehen und sich nicht mehr als einen Sack voll klingender, unsinniger Phrasen zusammenklauben. Die wahrste Religion ist die, die am besten ausgeführt wird, und dazu bietet jede Gelegenheit. Am besten führen wir aus, was wir gründlich und mit ganzem Herzen tun. Wovon wir wahrhaft Besitz ergreifen, dem öffnen wir uns völlig, lassen es einströmen und Besitz von uns ergreifen.

3

Wer sich einem Handwerk, einer Wissenschaft verschreibt, darf nicht ungehalten sein über die Blindheit, mit der er vor den meisten anderen Bereichen des Menschen stehen bleibt. Selbst in seiner eigenen Kunst wird der Nachbar andere Kniffe kennen und womöglich jeden Tag noch einen hinzuerfinden. Kleinigkeiten, denkt man. Dem, dem sie nützen, jedoch bedeutende Errungenschaften. Ebenso verhalten sich alle Erfindungen und Entdeckungen: Bedeutsam sind sie nur dem, den sie angehen, auf den sie einwirken. Die großen auf eine große Zahl, die kleinen nur auf wenige. Weil aber auf jeden Menschen nur begrenzt vieles zu wirken vermag, er, anders gesagt, nicht fähig ist, vieles aufzunehmen, nimmt die Menge des Bedeutenden in der Welt niemals zu. Wenn im Altertum ein Gelehrter die bedeutendsten Schriften seiner Zeit gelesen haben konnte, so auch ein heutiger die bedeutendsten unsrer Zeit. Die unüberschaubare Masse des Verbleibenden wird in tausend Jahren in Vergessenheit versunken sein, so wie – Gott sei's gedankt – die Fluten der Papyrusrollen und Wachstafeln des Altertums im Lethe.

Die Archäologen und selbst die Philologen wühlen heute mit ihren gierigen Rüsseln im trockenen Sand der Länder, welche einst eine Blüte der Menschheit waren. Sie finden Kochzettel, Schulhefte und den unbeholfenen Liebesbrief einer Magd und wollen daraus ein tieferes Verständnis für das Wesen dieser großen Zeit gewinnen. Platon und Sophokles seien inzwischen genügend untersucht, dort sei nichts Neues mehr zu holen. Für sie freilich nicht, denn jeder sucht und findet nur, was er verdient.

4

Wenn heute ein Wissenschaftler in seinem Laboratorium eine wunderbare Entdeckung macht, sie niederschreibt und veröffentlicht, aber nur bei einem einzigen seiner Kollegen ein geneigtes Ohr dafür findet, da die übrigen mit ihren eigenen Entdeckungen zu sehr beschäftigt sind, so kommt diesem Vorfall nicht mehr Bedeutung zu als dem Einfall eines Schreiners, wie er sein Holz geschickter leimen könnte, und dieser Geniestreich nicht viel weiter als vor die Türe seiner Werkstatt dringt. Ein unerschöpfliches Meer von Wissen, von wissenswerten Kleinigkeiten muß so zu allen Zeiten bestehen. Aber wissenswert vielleicht doch nicht, sofern es außerhalb des Bereiches eines Menschen liegt, der für ihn allein Bedeutung hat.

Die Wissenschaften sind in diesem Ozean des Wissens kaum weniger beschränkt als ein Handwerk. Selbst die Philosophie, die sich gerne anmaßt, überall zu sein und mitreden zu können, ist immer ein recht eingeschränktes Ding. Sie sieht alles aus der allgemeinen Sicht, vom hohen Punkt, kennt aber die Handgriffe des Lebens nicht. Sie sieht das Ganze, aber nicht das Element und den Stoff, aus dem es gebaut. Sie betrachtet wohl den Arbeiter und seine Arbeit, aber sie ergründet nicht von innen, sie erlebt nicht, was sie sieht. Daher der Hochmut der Philosophen, die sich über den gemeinen Pöbel erhaben dünken und ihn, der doch ihre Lebensgrundlage stellt, ohne guten Grund verachten. – Nur gefällt mir die geheuchelte Sympathie und Solidarität der übrigen Philosophen, vor allem der heutigen, nicht viel besser. Es ist dies eine einseitige, anbiedernde, zudem falsche Liebe, die zu Recht vom Volke nicht erwidert wird. Ich kann nicht glaubwürdig von meiner Liebe zum Volk sprechen und mich dabei eines akademischen Kauderwelschs bedienen, das keiner mehr entschlüsselt, der auch nur zehn Schritte vom Katheder aufgewachsen ist, mag er im übrigen belesen und gebildet sein, wie er will.

Allerdings wird zwischen den Berufen wie zwischen den Ständen der Gesellschaft die Unkenntnis voneinander immer ein eigenes Gemisch aus Verehrung und Verachtung, aus Haß und Liebe im Gang erhalten; auch wenn von früh bis spät das All erklingt in brüderlichen Gesängen, Manifesten und gelehrten Diskursen über die Gemeinsamkeit aller Erdenbewohner. Der Unsichere fürchtet das Fremde, Verachtung ist die Schutzmauer seiner Burg. Der Ungebildete muß den Gebildeten verachten, um in seiner geistigen Armut bestehen zu können. Alle Gedanken, Wissenschaften und Künste sind ihm überflüssige Taschenspielereien, die zudem auf seinem Rücken ausgeheckt werden; denn er hat schließlich die Lebensgrundlage für die feinen Herren herbeizuschaffen. Der Gebildete erkennt seine Schwäche. Er ist Schmarotzer, unselbständig, unfähig, sich selbst das Leben zu erhalten. Die erste Hälfte davon läßt er sich füttern, um all dies zu lernen, was ihn auch in der zweiten nicht in den Stand setzen wird, ein einziges Stückchen Brot zu erzeugen. Alle Wissenschaften sind notwendiger als die Philosophie, aber keine besser, sagt Aristoteles. Ebenso sind alle Handwerke notwendiger als jede Wissenschaft, und doch ist diese wertvoller. Diesen Posten verteidigt sich der Gebildete bis ins Grab, denn ebenso lange bleibt er der Kostgänger des Volkes, was nicht wenig an seinem Stolze kratzt.

So nimmt sich jeder selbst wichtig, und wer sich nicht wirklich erheben kann, dem bleibt nur, die andern zu erniedrigen, um die Distanz zu schaffen. Daher die Sintflut des Spotts und der dünkelhaften Ironie in unsrer Zeit.

5

Große Seelen wie Goethe und gelegentlich, nach seiner Möglichkeit, ein einfacher Schlosser, vermögen dem Fremden sich in herzlicher Einfalt aufzuschließen, ohne hierbei das Eigene im mindesten zu gefährden. Wenn das Eigene stark ist, wird es am Fremden erstarken. Wahre Größe gewinnt an innerer Ordnung, sowohl durch Aufnahme des Neuen, Fremden als auch durch Freigabe des Eigenen im Schaffen. Einem unordentlichen Hausherrn wächst das Chaos mit jedem Gegenstand, den er erwirbt, dem ordentlichen die Schönheit seines Anwesens. Der Geizige wird ärmer, der Großzügige reicher durch eine freie Gabe. In einem gutgeführten Staat findet noch der nichtswürdigste, zugelaufene Taugenichts einen Platz, wo er etwas Gutes leisten kann; und was über die Grenzen ausgeführt wird, ist kein Notverkauf, sondern handfeste Ware, für deren Erzeugung man die inneren Strukturen des Staates ausbaut und in Ordnung hält.

6

Eine andere Art von Aufgeschlossenheit zeigen die Salonmenschen, oder besser die, die ihre Bildung wie eine Perücke aufsetzen, wenn sie unter die Leute gehen, um den spärlichen Wuchs ihres Geistes zu bedecken. Sie kennen sämtliche Schriftsteller, Musiker und Maler, ein wenig die ältern und vor allem die neuen. Über jeden wissen sie eine Phrase, die ebenso originell klingt, wie sie einfältig ist, und von irgendeinem wichtigtuenden Zeitungsschreiber übernommen wurde. In jedes Gespräch können sie mühelos eintreten und, wenn nicht zum Inhalt, so doch zum Wortgeklingel lebhaften Beistand leisten. Ihr Inneres muß einem Trödelladen sehr ähnlich sehen: alle denkbaren Kuriositäten stehen herum, ohne daß ihr Besitzer ein anderes Interesse an ihnen hätte, als sie möglichst schnell wieder loszuwerden. Ich, für mein Teil, bin nicht seefest genug für solchen Wellentanz. Ich kann nicht mit allen Winden segeln, ohne meine Richtung zu verlieren. Ich muß meine Fahrt beschränken auf die Gewässer und Witterungen, die mir günstig und meinem Wesen angemessen sind. Zwar belade ich mich so mit mancher Einseitigkeit – entgehe aber der Eitelkeit und Schwäche, mich jeder Brise anheimzugeben, nur um die Segel zu blähen und ein wenig Fahrt, gleichviel wohin, zu machen.

Winde gibt es bei weitem genug, und bisweilen scheint mir, für einen, der sich legt, zögen zwei neue herauf, gleich den Köpfen der lernäischen Hydra. Die Philosophen und Dichter bieten uns tausend Arten zu denken und zu fühlen. Täglich kommen weitere hinzu. Wie leicht ist jedem schweifenden Geist, ein Sammelsurium oder gar ein System von dunklen, geheimnisvollen Betrachtungen zusammenzutragen. An jedem Ding läßt sich eine neue, originelle, dem Bisherigen widersprechende Seite aufzeigen; um jedes läßt sich ein Mysterium gründen. Einige Mühe und viel guter Wille würden mir Zugang zu den meisten dieser geheimen Kultstätten verschaffen, ich könnte an ihrer Wahrheit Genuß finden oder daran verzweifeln, wie an jeder Wahrheit.

7

Einer steigert seine Sinnlichkeit ins Übersinnliche, hört Gräser wachsen und entnimmt dem leisesten Duft um einen Menschen die genaue Kenntnis von dessen augenblicklichem Seelenzustand, errät daraus womöglich noch seinen Namen und den Ort seiner Kindheit. Vor allem die neueren Dichter sind sehr findig im Erschaffen solch übernatürlicher Seismographen. Aus Mangel an Göttern, Halbgöttern, Nymphen, Ganymeden und Zaubermeistern fließen jetzt gewöhnlichste Menschen aus diesen gewandten Federn hervor als zarte Orakelsprecher und Wahrheitskünder. Denn feiner und schwächlicher sind sie wohl als die einstigen Götterboten, sie vermögen nur noch zu empfinden und wahrzunehmen, kaum mehr zu handeln, zu schöpfen und dreinzuschlagen wie ihre Vorgänger. Einen etwa namens Gregor Samsa mußte sein Erfinder eines Tages als ein ungeheuerliches Käfertier erwachen lassen, um zu verdeutlichen, wie der Mensch im Grunde doch ein einsames und selbst von Eltern und Geschwistern nicht recht geliebtes und noch weniger verstandenes Wesen sei, dem nichts übrigbliebe, als sich auf sich selbst zurückzuziehen und allmählich zu verenden. In solch feinen und innerlichsten Wahrnehmungen sind unsere neueren Dichter wahrlich große Meister, und ihre Zöglinge bemerken nicht nur Dinge, die unseren Ahnen weder Zeit noch Muße wert waren, da sie ihnen zu klein und unbedeutend erschienen; die neuen Helden vernehmen ebenso manches, was es bislang gar nicht zu geben schien und worüber man sich ewig wundern könnte – insofern denn auch sie schöpferisch sind.

Mir will diese übersteigerte Sensibilität nicht schmecken, die am Jüngling höchstens noch dahingehen mag. Sie ist zu weibisch und erinnert an den krankhaften Zustand, in dem sich die Frauen zu Beginn ihrer veränderten Umstände befinden: wenn sich ihr Geruchssinn derartig verfeinert, daß sie bereits von Übelkeit befallen werden, wo eine gesunde Nase noch kaum die Spur eines Geruches wahrnimmt. Man muß aus gröberem Holze sein, um dieses Leben angemessen zu bestehen – es ist selbst grob und ungeschlacht. Um es zu genießen, ist ein weichlicher Gaumen dem Feinschmecker eher Last als Hilfe. Wie oft muß er sein Gesicht in angewiderte Falten legen oder sich gar übergeben, um einmal dem verzogenen Zögling seines Halses die genehme Speise zu kredenzen. Ist das Instrument zu empfindlich, leidet es bei jeder Messung Schaden und bringt kein Ergebnis, weil sein Bereich nicht dem zu messenden Objekt entspricht.

8

Einer kann in den Dingen nichts anderes finden als Ursachen und Wirkungen. Warum ist das so, was ging dem voran, wo führt das hin? sind seine unablässigen Fragen. Was immer ihm in die Hände fällt, ordnet er mit Akribie in diese endlose Kette der Kausalität, die er in jede Richtung, also auch in die Breite und in die Höhe, beliebig verfolgen kann. Das gibt einen schönen Teppich zusammen, gewoben nach dem strengen, aber vielfältigen Muster der Natur und unseres Geistes. Kein Fädchen, das nicht zusammenhinge mit der großen übrigen Struktur. Vielleicht zuweilen mühsam, den Verknüpfungspunkt zu finden, doch bringt hier letztlich jede Anstrengung Erfolg. Suchen und Finden steigt aus einer Quelle. Jedes Phänomen hat nicht eine, sondern tausend Ursachen und ebensoviel Wirkungen. Wäre da der Mensch nicht kümmerlich, wenn er keine davon fände? Immerhin, ein wenig elend nimmt sich dieser Kausalist schon aus: Er, der doch die ganze Welt verweben möchte, sieht nie über ein paar Knoten hinaus. Er mag hier ansetzen oder dort, immer versperren ihm seine eigenen Verknüpfungen die Sicht. Die Ursache eines Phänomens zu denken nimmt unseren Geist zu sehr in Anspruch, als daß wir noch weiter denken oder gar einen Überblick gewinnen könnten. Diese Weise ist mehr ein Kriechen als ein Gehen, den Blick immer dicht vor die Nase geheftet. Sie ist freilich das Fundament der Wissenschaft und vielleicht jeglichen praktischen Fortkommens der Menschheit. Aber, zum einen, man muß die Dinge auch in sich selbst sehen und lieben, nicht nur ihr Warum, Woher und Wohin; zum andern tut es not, in diesem Schleichgang von Zeit zu Zeit innezuhalten, den Körper aufzurichten und erhobenen Hauptes den Blick auf ein Ganzes zu wagen. Für die tägliche Kleinarbeit, auch der Philosophie, ist dieses kausale Forschen und Denken bestimmt. In den besseren Augenblicken des Lebens wollen wir gerne einmal darauf verzichten.

9

Einem gilt die Erfahrung wenig. Er will nichts anfassen – vielleicht aus Sorge, sich am sinnlichen Stoff zu beschmutzen. Er will nur denken. Wo anderen die Sonne scheint, ist ihm nur Licht, die Welt ist ihm nicht Himmel und Erde, sondern nur Materie; Vögel und Fische keine heiteren Lebensfreunde, sondern Wesen, am besten Wesenheiten. Er redet vom Sein des Seienden, von ersten und zweiten Substanzen, von der Welt als reinem Geiste in reinem Denken usf. Das Sein ist ihm alles, die würdige Eiche vor dem Hause nichts. Er liebt nur die Allgemeinheit der Dinge, die Begriffe und Ideen; an den Dingen selbst geht er mit kaltem Herzen vorüber. Das Vakuum wäre seinem Geiste wohl der liebste Aufenthalt: desinfiziert von allem Körperhaften. Ein trüber, unliebsamer Geselle, der sich nur hinter einer Wand von Büchern zu Hause fühlt. Freilich, je allgemeiner der Begriff, desto höher und göttlicher der Betrachtungspunkt. Ich meine aber, die Welt ist nicht in ihrer

Feingliedrigkeit und Vielfalt erschaffen, daß wir kämen, uns dies alles wieder wegzudenken. Ein guter Anatom erkennt den Knochenwuchs, ohne dem Patienten Haut und Fleisch abzuziehen. Man kann die ganze Schöpfungskraft Gottes in einer Rose finden, ohne sie erst durch Abstraktionen entblättern zu müssen. Wollen wir in die Tiefe dringen, brauchen wir die Schale deswegen nicht zu zerbrechen. Wir müssen den Wert an der Oberfläche suchen – sie allein ist uns gegeben –, dann wird jede Tür zum Einblick offenstehn.

10

Ohne Schwierigkeit ließe sich hier noch manche Weltauffassung summieren. Wieviel Religionen, wieviel Philosophenschulen, Sekten, Gesellschaften, Organisationen, Parteien, Bewegungen, Moden, Vereine, Traditionen, Sitten, denen allen anzuhängen ein tausendfältiges Chamäleon vonnöten wäre, welches letztlich noch der persönlichen Meinung jedes Landstreichers beitreten müßte, um nur auf diese seltsame Weise der Einseitigkeit zu entgehen. Kein Kluger wird bestreiten, daß scharfe Selektion die einzig lebensnahe Praxis ist, und kein Vernünftiger Beschränkung davon erwarten, vielmehr die einzige Möglichkeit, sich nicht im Seichten zu verlieren. Wer nicht zupackt, wird im Niemandsland veröden, und dem entschiedenen Charakter wird die Wahl nicht schwerfallen.

Ich bin Eklektiker. Ich suche mir aus jedem Lager, was mir am besten paßt, und sehe nicht auf den Namen, nicht auf das Ursprungsland, nicht auf das Datum. Was meinem Zweck dient, ist mir recht, sofern es nur im groben mit den hiesigen Bräuchen im Einklang steht. Denn ist es schon einerlei, unter welcher Flagge ich ziehe, warum nicht unter der meiner natürlichen oder zufälligen Umgebung. Wenn ich dabei so viel Freiheit genieße, mich nach meiner Art in etwa einzurichten – und so viel findet sich fast immer –, soll ich dann aus Übermut mein Haus zertrümmern? Jagt man mich eines Tages fort, werde ich noch genug Gelegenheit finden, mich anderswo einzurichten. Die übrigen Denk- und Glaubensarten laß ich leben und werde mich hüten, ihretwegen meine Gesundheit und Seelenruhe zu gefährden. Je höher ich mich überlegen fühle, desto gutmütiger und fürsorglicher kann ich ihnen begegnen. Wo ich kämpfe, seh ich den Gegner als Gefahr, als ebenbürtig oder stärker. Indem ich die Wut und die Verachtung mäßige, gewinne ich an Überlegenheit, was zuweilen ein brauchbares Mittel ist, ohne äußere Aktion den Sieg in einer Sache davonzutragen.

11

Die Beschränktheit ist der Grundstein unseres Wesens und Bescheidenheit die beste Art, sich dareinzufinden. Wir meinen heute, die Einfachheit der Alten könne unserem komplizierten Leben nicht mehr genügen. Dabei verhält es sich umgekehrt: Unser Leben ist so kompliziert, weil uns die Einfachheit der Alten nicht mehr genügt. Wir rechnen Verfahrenheit und Zerstreutheit unsrer Kultur höher als weise Naivität. Mit dieser, meinen wir, würde die Vielfalt des Lebens nicht mehr ausgeschöpft; aber ohne sie läuft uns das Leben aus, als hätte das Gefäß ein Sieb anstelle des Bodens. Wer einmal die Naivität verlassen und vom Baume der Aufklärung gegessen habe, könne niemals mehr auf ihren geraden, einfachen Weg zurückkehren. Zu tief habe er den Blick hinter die Kulissen der Kultur geworfen, als daß er dieses Schauspiel fernerhin für Wahrheit nehmen wollte. So unsere Mündigen. Ich sage, niemals war der Weise von Natur naiv – außer während seiner Kindheit, in der wir es alle sind. Später mußte er die verschlungenen Irrwege des kritischen Geistes durchwandern – man denke, wie schon die Sophisten Athens die Werte der Kulturen gegeneinander ausspielten, um schließlich zu beweisen, daß sie gar keine seien –, bis er nach vieler Mühe und Einsicht auf den einfachen Weg der Weisheit zurückfand. Mit Kraft und gutem Willen nur vermochte er sich auf diesem zu halten, denn er gleicht in nichts dem Zustand abgestumpfter Blödheit, in den man einmal fällt und unabwendbar darin steckenbleibt. Darum ist uns heute dieser Weg nicht schwerer und nicht leichter als dem Sokrates. Das einzige Hindernis, das ihn verstellt, ist unser Dünkel, hellsichtiger und erwachsener zu sein als der Weise von gestern. Dabei sind wir nur halbwüchsiger, wie die vorlauten Jungen in dem Alter, in dem sie sich so viel klüger dünken als ihre Eltern und diese gern beim alten Eisen hätten.

12

Wir glauben heute an die Physik wie unsere Vorfahren an die Bibel. Dabei täten wir besser, an beide zu glauben wie an die Poesie. Die Zahlen, Formeln und Beschreibungen nehmen wir als feststehende und exakte Wiedergebung der natürlichen Verhältnisse; daß sie nur in engen Bereichen und von besonderen Betrachtungspunkten aus Gültigkeit haben und auch dort nur ungefähre, wollen wir nicht wissen. Als Pragmatiker tun wir zwar gut daran, die Augen immer so weit zusammenzukneifen, daß das im Augenblick Unbrauchbare vor dem Brauchbaren verschwimmt, und den Standpunkt so zu wählen, daß wir nur diejenige Seite einer Sache sehen, die unseren Absichten gerade nützlich ist. Als Philosophen sollten wir bedenken, daß dies der Ausschnitt ist, den wir heute wählen, deshalb aber der, den unsere Vorfahren wählten und unsere Nachkommen wählen werden, kein schlechteres Bild der Natur darstellt, nur anderen Zwecken genügt. Aber der Mensch meint, er müsse mehr haben, als vorhanden ist. Er will nicht an Bilder und Gleichnisse glauben, weil er fürchtet, er müsse dann den Anspruch auf Erkenntnis der Wirklichkeit aufgeben. Er will eine Natur, wie sie wirklich sein soll, nicht wie sie hier und da erscheint oder beschrieben wird. Es ist, als würde einer um einen Baum herumgehen und sagen: »Schön, wie ich eine Ansicht nach der anderen dieses Baumes genießen darf. Aber letztlich sind dies doch nur begrenzte Ausschnitte, durch die jeweilige Perspektive bedingt – und deren sind unendlich viele. Jetzt möcht ich endlich den Baum selbst sehen, wie er wirklich ist, ohne Ansehen meines Standpunktes.« Man könnte ihm nur sagen, er müsse bescheidener werden und sich mit dem befrieden, was die Natur ihm bietet. Die Bilder sind alle wahr, und weder logisch noch sonstwie ist einzusehen, warum sie falsch sein sollten, nur weil es ihrer so viele gibt. Dasselbe gilt für die Naturbeschreibungen des Wissenschaftlers: Gleichnisse nur, aber nicht weniger treffend wegen ihrer Vielgestaltigkeit und Wandelbarkeit. Warum bewundern wir nicht jedes dieser Bilder und Gleichnisse als einen Aspekt der vollkommenen Wahrheit, als einen wahren Ausschnitt des Ganzen, in dem dieselbe und die ganze Wahrheit steckt, so gut wie irgend sonstwo.

Beim Dichter stört mich nicht, wenn er das Menschengeschlecht einmal als Baum darstellt, aus tiefen Wurzeln entsprossen, in mächtigem Stamm emporgewachsen, in unendliche Richtungen verzweigend und wechselnd zwischen Blüte und herbstlichem Fallen der Blätter. Ein andermal nennt er's ein Bienenvolk, geschäftig, hierarchisch geordnet und gemeinschaftlich fruchtbar zusammenwirkend. Ein Philosoph darf sich meinetwegen hundertmal widersprechen – und die es tun, sind mir zuweilen gar die liebsten –, wenn seine Ansicht nur jedesmal vernünftig und in sich schlüssig ist. Zum übrigen hat er gewöhnlich seine Gründe. Warum soll mich dann der Physiker enttäuschen, wenn ihm das Licht einmal eine elektromagnetische Welle ist, ein anderes Mal ein Teilchenstrom und beide Vorstellungen nur für begrenzte und voneinander verschiedene Bereiche passen, in anderen vollkommen sinnlos sind und sich gar widersprechen. Warum soll ich vom Physiker mehr verlangen als vom Philosophen und Dichter. Behauptet ein Dichter, das Menschengeschlecht sei wie das Laub der Bäume,

οἵη περ φυλλων γενεη, τοιη δε και ανδρων.
φυλλα τα μεν τ'ανεμος χαμαδις χεει, αλλα δε θ' ὑλη
τηλεθοωσα φυει, εαρος δ' επιγιγνεται ὥρη,
ὣς ανδρων γενεη ἡ μεν φυει ἡ δ' απολήγει,

dann empöre ich mich dagegen so wenig, als ich es sollte, wenn ein Physiker behauptet, die Materie sei wie aus kleinen Atomen zusammengesetzt, gebaut wie Planetensysteme, wo die Elektronen um ihre Sonne, den Atomkern, kreisen, und was derartiger Gleichnisse mehr sind.

Vielleicht führen uns die Wissenschaftler gerade deshalb oft in die Irre, weil sie zuwenig Poesie haben. Wie die Provinzgeistlichen von gestern sagen sie immer: Dies ist so und so – anstatt zu sagen: Das ist so wie ...

... Beispielsweise:

Wie zween freudige Löwen zugleich auf ragenden Berghöhn
Wuchsen, genährt von der Mutter, in dunkeler Tiefe des Waldes

> (Jetzo Rinder umher und gemästete Schafe sich raubend,
> Weit der Männer Geheg verwüsten sie, bis sie nun selber
> Fallen durch Menschenhand, von spitzigem Erze getötet):
> So voll Kraft, von Äneas' gewaltigen Händen besieget,
> sanken die zween, gleich Tannen mit hochaufragenden Wipfeln.

In dieser Art sollten die Physiker etwa sagen: So wie die ringförmigen Wellen des aufgestörten Wassers sich zuweilen mit anderen der gleichen Art verstärken oder schwächen, so auch das Licht, wenn es, von kleinen Punkten strahlend, sich zusammenmischt. Anstatt kategorisch und stumpf zu behaupten: Das Licht ist eine Welle! Morgen sagen sie doch wieder, es sei eine unvorstellbare Flut von einzelnen Wellenzügen, die sich als kleine, sinusförmige Würmchen durch die Lüfte schlängelten, und übermorgen ist es endlich ein Teilchenstrom, der mit einer Welle gar nichts mehr gemein hat. Zu fragen, ob das Licht eine Welle oder ein Teilchen sei, ist gleich dumm, wie zu fragen, ob der Sturm, den wir durch ein Fenster beobachten, dieser umstürzende Baum sei oder dieses Heulen oder jenes Pfeifen oder der aufgewirbelte Staub. Wir nehmen Phänomene wahr an den Dingen, die uns umgeben, wir fassen sie zusammen und nennen es Sturm. Den Sturm selbst aber, was er ohne den Baum, ohne die Luft, ohne den Staub wäre, wissen wir nicht. Er äußert sich nur an diesen Gegenständen, die aber sehr wohl auch ohne ihn sein können. Auch das Licht können wir nur an den Gegenständen wahrnehmen. Wer würde aber deshalb sagen, die grüne Tanne wäre das Licht oder das farbige Gemälde? Noch weniger können wir es eine Welle oder ein Teilchen nennen, nur weil es zuweilen im Experiment an Gegenständen eine ähnliche Wirkung tut, als auch ein Teilchen oder eine Welle tun würde.

Selbst in der mathematischen Beschreibung sollte eher gleichnishaft verfahren werden: So wie die Verhältnisse der Zahlen und Variablen in dieser Gleichung ... so auch die Mengen und Größen des Naturvorgangs. Immer vorauszusetzen, daß es sich nur um Ähnlichkeiten, um Bildlichkeiten, wohl auch um Verwandtschaften handelt, nicht um Entsprechungen im strengen Sinne. Sie aber wollen uns gewöhnlich weismachen, es lägen die Zahlen und deren Verhältnisse selbst in der Natur herum, es habe sie die Natur geradezu erfunden, und der Mensch brauche nur zu kommen, sie herauszulesen. Er liest sie aber nicht heraus, sondern hinein – so wie die Buchstaben, Namen, Begriffe, ganze Schilderungen und Abhandlungen, mit denen er die Natur seinem Geiste verdeutlichen will, ebenfalls.

Obwohl hier nicht der Ort ist, einen weiter gehenden Gedanken zu dieser Sache in faßlicher Form auszuführen, will ich ihn doch kurz berühren. Alle theoretischen Beweise, die alltäglichen, die philosophischen und die Gottesbeweise, sind in ihrem letzten Grunde nur Vorstellungshilfen, Stützen des Gedankens. Sie sind immer von außen angelegtes Gerüst an eine Sache, eine Wahrheit, um die eigentlich gehandelt wird. Sie bleiben dabei der Sache selbst fremd, sind Bilder, Gleichnisse und stehen gleichberechtigt neben Mythen und Dichtungen. Philosophen und Theologen, die frühere Beweise widerlegen und neue aufstellen, tun im ersteren unrecht. Sie verkennen das Wesen des Beweises und würden besser sich bescheidener geben. Etwa: »Dieser frühere Beweis ist eine schlechte Art, unsere Sache glaubhaft oder besser ›glaubwürdig‹ zu machen, sie scheint mir oberflächlich und ruft in denkenden

Köpfen zu viele Einwände und Widersprüche hervor. Sie erschwert dadurch, an die Sache zu glauben, die an sich doch gut und nützlich ist. Meine neue Art hingegen leidet unter diesen Mängeln in geringerem Maße und ist unserer jetzigen Denk- und Redeweise besser angemessen, wird es also dem Willigen leichter machen, die gute Sache anzunehmen und ihren Vorteil zu erkennen.« In dem zweiten also, im Finden neuer Beweise, leisten diese Denker oft Schönes und niemals zuviel. Wie in der Dichtung schönere und stumpfere Bilder erzeugt werden, so in der Denkkunst schlüssigere und absurdere Beweisführungen. Im unumschränkten Sinne falsch zu sein, wird beiden, sofern ihr Urheber ein Fünkchen Verstandes besaß, nicht leicht widerfahren. Das geschieht nur in der reinen Logik, also im nichtangewandten Denken, wo es aber auch nicht schwer ist, wahr zu sein – und in der unmittelbaren Erfahrung, wenn etwa Kolumbus einen Erdteil betritt, dessen Existenz bisher bezweifelt wurde.

13

Was ich hier mitgeteilt über die Gleichnishaftigkeit aller Theorie, ja der Natur selbst, muß dem Praktiker notwendig für Spitzfindigkeit gelten. Er hat bei seiner Arbeit keine Muße, sich bewußt zu werden, was es jedesmal ist, das vor ihm liegt, sondern muß es anpacken und damit umgehen; ob nun Realität, Gleichnis, Bild oder nicht selten sogar Einbildung. Dem Philosophen jedoch sind diese Unterscheidungen Grundlage. Er denkt über die zeitliche und räumliche Nachbarschaft hinaus und nicht nur an einen unmittelbaren Zweck. Hierzu braucht er Abstand zu den Dingen, um sie aus höherer Perspektive in ihrem weiteren Zusammenhang zu erkennen. Etwa: daß, was uns jetzt so neu und einzigartig scheint, zu andrer Zeit in andrer Gestalt längst existierte, ja vielleicht ein Grundmerkmal des Lebens überhaupt ist. Im wünschenswertesten Falle freilich wären Philosoph und Praktiker nicht so völlig getrennte Wesen – aber wo ist derartige Universalität heute zu erwarten. In der Geschichte finden wir wohl genug davon, aber die Geschichte ist lang und breit, die Gegenwart kurz und schmal.

14

In der Vergangenheit, meinen wir gerne, sei ein Überblick über das Wissen der Zeit noch möglich gewesen. Universalgelehrte hätten es sämtlich in sich getragen, ihm Halt geboten und in ihrem Geiste wie in einem einheitlich aufgeführten Gebäude zusammengefaßt. Die Wissenschaft habe sich heute so sehr zersplittert und verzweigt, zu einem Riesen aufgetürmt und zum Lohn die babylonische Verwirrung sich recht häuslich darin niedergelassen. Sicherlich werden die Kränklichen daran krank. Der bloße Gedanke an den immer schneller wachsenden Berg des Wissens macht sie schwindeln, und jede Hoffnung, ihn zu erklimmen, entfährt ihnen, und aller Mut läßt sie im Stich. Dann fallen sie zurück in den Sessel und träumen von vergangenen Zeiten. Von Leibnizen und Aristoteles, von Goethe und von Leonardo. Einem war dieser, einem ein anderer der letzte, der das gesamte Wissen seiner Zeit in sich vereinigte. Welche Phrasen! Welcher Irrtum! Ein beschränkter Kauz war Leibniz vielleicht in der Kunst. Halb blind auf seiner Reise durch Italien, schloß er die Vorhänge der Kutsche, um ungestörter in Folianten graben zu können. Seine Schriften sind, bei aller Bedeutsamkeit, ein wirres Gebilde mit viel Phantastischem und Unverdautem. Wer war dann der letzte? Bereits die Bibliothek von Alexandria faßte eine dreiviertel Million Bücher. Konnte irgendein Gelehrter jemals so viel gelesen oder gar auswendig im Kopfe oder gar verstanden haben? Dabei war das unerschöpfliche Wissen, welches im Volke steckt – in Rezepten, Fertigkeiten, jahrhundertelangen Erfahrungen –, welches nur im täglichen Handeln und Wirken erscheint, in diesem Bücherwust noch nicht einmal erfaßt. Kannte denn Aristoteles die Schliche der Chinesen oder die Lehren der Inder? Nicht einmal diejenigen seiner Landsleute, und was er wußte, war zuweilen oberflächlich und falsch. In seiner Himmelsschrift verwirft er absichtlich das heliozentrische, später kopernikanische, Weltbild der Pythagoreer (welches schon kurz nach ihm durch Aristarch von Samos vortrefflich präzisiert wurde), um an die Stelle das geozentrische zu setzen, das spätere ptolemaiische, welches wohl dem Mann auf der Straße faßlicher und im Alltag vorteilhafter ist, dem wissenschaftlichen Astronomen aber, der weiter frägt, umständlicher und oft unbegreiflich. Kannte in früheren Zeiten der Gelehrte vielleicht die Kniffe des Schreiners, des Schusters oder der Künstler? – Und doch hat er sich ohne Bedenken in den Genuß von deren Produkten gebracht, anstatt lange über seine eigene Blindheit in fremden Gebieten zu lamentieren. Heute, wo die Wissenschaft, wegen ihres Dienstes am unmittelbar Nützlichen, beinahe zu einem Handwerk geworden ist, beklagt man allseits ihre Unüberschaubarkeit: Sogar den Professoren würden ihre Zweige aus dem Gesichtskreis schießen, und zwei Wissenschaftler, kämen sie auch aus demselben Fache, könnten einer in die Machenschaften des anderen kaum mehr Einblick, geschweige einen Überblick gewinnen. – Konnte das denn jemals ein Koch bei seinen Kollegen? Dennoch haben sich Fürsten und Könige dieser Kunst, von der unser Wohlsein nicht unerheblich abhängt, zu allen Zeiten mit ganzem Herzen anvertraut und nicht mehr Aufhebens gemacht, als sich bestenfalls einen Mundschenk zu leisten.

15

Um die Natur als Einheit begreifen zu können, habe ich nicht nötig, jeden Vogel über und jeden Wurm unter der Erde persönlich zu kennen. Um aus den Wissenschaften ein einheitliches Weltbild zu gewinnen, brauche ich nicht jeden Wissenschaftler, geschweige jedes Buch, das er schreibt, zu kennen; sie mögen ihrer eigenen Beschäftigung und Richtung folgen wie die Würmer in der Erde. Zur einheitlichen Auffassung einer Sache gelangt weder der Statistiker noch der Systematiker. Nicht die Masse der Einzelteile entscheidet, wo Unendlichkeit vor uns steht, nicht die pure Logik, wo die Übergänge fließen. An diesem Geschäft hindert uns keine Vielfalt, keine Kleinheit und keine Größe. Im Gegenteil, es wirkt die Vorstellung solcher Unendlichkeiten eher wie Stimulanz und bringt uns erst in die rechte Gemütsverfassung, das Ganze aus den Teilen zu abstrahieren. Wie beim Anblick eines Mosaikbildes, wenn wir nicht mehr auf die einzelnen Steine achtgeben und ihrer heimlich eine Unendlichkeit annehmen und somit ein Kontinuum erzeugen, auf welchem nur noch Gegenstand und Inhalt des Kunstwerks hervortritt, nicht mehr das Material, der Baustein. Wer einen Überblick über die Wissenschaften bekommen will, gar über die ganze Welt, um das Dasein in seiner Totalität zu fassen, zu begreifen, der wird heute wie früher nicht glücklich werden, bis er sein Auge löst von Handwerks- und Gewerbesbanden, um den freien Blick des Adlers zu genießen. Wer nur forscht, um etwas herzustellen, um etwas herauszufinden, dessen Glück wird stets entsprechend kleiner ausfallen, er wird den Zusammenhang der Wissenschaften und der Welt niemals erkennen, und wäre ihm gegeben, sich durch sämtliche Fakten zu wühlen. Überblick genießt man nur vom höheren

Standpunkt – der eigentlich nicht schwerer einzunehmen ist, als das Mosaikbild zu betrachten –

> Soll ich dir die Gegend zeigen,
> Mußt du erst das Dach besteigen.
> (Westöstlicher Diwan)

Und wenn sich der Kritiker der Wissenschaften über schlechte Aussicht beklagt, selbst aber zu träge oder schwächlich ist, diese Aussicht durch Ersteigen einer Anhöhe zu verbessern, so klagt er in Anderem an, was nur sein eigener Fehler ist – ganz nach Art aller hypochondrischen und kränklichen Menschen. Wenn ihm schon keine Flügel gewachsen sind, sollte er sich nicht um Dinge kümmern, die sich seiner Sphäre entheben, vielmehr versuchen, den kleineren, seinen Kräften entsprechenden Kreis zu seiner Angelegenheit zu machen, um schließlich darin heimisch zu werden.

> Sumite materiam vestris, qui scribitis, aequam
> Viribus et versate diu, quid ferre recusent,
> Quid valeant umeri.

Aber Unzufriedenheit und Weinerlichkeit sind die beherrschenden Züge aller kleinen Seelen, und die Großen und Weisen streben nicht zuletzt deshalb zur Höhe, um dem Jammer und dem Wehgeschrei des Pöbels zu entfliehn.

16

Wohl jeder Student und noch gar mancher Professor bedauert, daß in keiner Kunst, den Sprachen, der Medizin, der Physik, man irgendeinmal Vollkommenheit erlangen könne.

> Ach Gott! die Kunst ist lang,
> Und kurz ist unser Leben.
> Mir wird, bei meinem kritischen Bestreben,
> Doch oft um Kopf und Busen bang.
> Wie schwer sind nicht die Mittel zu erwerben,
> Durch die man zu den Quellen steigt!
> Und eh man noch den halben Weg erreicht,
> Muß wohl ein armer Teufel sterben.

Immer bliebe man voller Fehler, selbst in Dingen, die man doch zu seinem Berufe gemacht, ins Zentrum seiner Bemühungen und seines Lebens gestellt habe. Ich gebe zurück, daß sehr wohl möglich ist, etwas abzuschließen, nur daß, nach dem Prinzip des Lebens, immer noch unendlich viel Unabgeschlossenes bestehen bleibt. Man kann in einer fremden Sprache beispielsweise eine bestimmte Anzahl von Ausdrücken lernen wollen und diese Unternehmung auch vollständig zum Ende führen. Ebenso in der Medizin kann man ein bestimmtes Maß an vorgesetztem Wissen sich zueignen. In jedem Fall bleibt selbstverständlich ein unermeßlicher Bereich übrig, als bestellbarer, fruchtbarer Acker. Dieses Land wird niemals knapp, und sein Kaufpreis bleibt konstant: Fleiß. Warum sich aber in keiner Kunst eine letztliche Begrenzung finden läßt, liegt daran, daß sie selbst, wie konkret sie auch beginnen mag, sich doch ins Allgemeine erweitert, bis letztlich das ganze Leben, die Unendlichkeit in ihr widerscheint. Wäre Medizin nur Medizin; aber am Ende wirken die Welt und alle übrigen Wissenschaften und Verhältnisse und Ereignisse, für die es noch gar keine Wissenschaften gibt, mit hinein. Wäre die Sprache nur Sprache – aber drückt sich nicht in ihr das ganze Leben aus, eine Unendlichkeit also? Keine Kunst bleibt bei sich und in sich stehen. Je tiefer wir eindringen, desto weiter wird sie, und desto mehr zerfließt sie in alle anderen Künste. Ganz als wenn wir auf durchweichtem Filz an verschiedenen Orten mit wäßriger Farbe Punkte aufsetzen, diese auseinanderlaufen, immer dünner werden, dann in den Randzonen und letztlich völlig ineinanderfließen. Auch hier ein fester, kontrastreicher Beginn im Farbenpunkt, der sich dann ins Unbestimmte weitet und in den Weiten der übrigen Farben aufgeht.

17

Der Mensch darf sich von der Unendlichkeit des Unbekannten nicht schrecken lassen. Er muß seinen eigenen Bereich nutzen und wie selbstverständlich mit ihm umgehen, als wäre das übrige nicht vorhanden. Wohl wird er immer versuchen, sich zu entwickeln, Erfahrungen und Wissen zu sammeln, um den Blick zu klären. Was ihn jedoch leitet, ist die Mehrung des Endlichen, nicht die Minderung des Unendlichen. Es ist der Optimismus des Arztes, neue Heilmethoden zu entwickeln, und sein Pessimismus, deswegen die Menge der verbleibenden Krankheiten und Leiden auch nur um Haaresbreite zu schmälern. Wird unsere Wunde am Bein geheilt, schmerzt bald der Magen; beruhigt man diesen, flieht uns der Schlaf, usf. Das Schicksal schont uns, indem wir meist nur eine Not zu spüren haben, eben die gerade stärkste, und prüft uns, weil fast immer eine. Wer deswegen die Hände in den Sack steckt, ist nicht für diese Welt gemacht; wer mitspielen will, muß sich auf die Regeln einlassen.

Man sagt, das Wissen in der Medizin und in den anderen Wissenschaften verdopple sich alle fünf bis zehn Jahre. Kein Mensch könne hier mehr Fuß fassen, und eines Tages müsse doch dieses ganze Gebäude in seiner Unentwirrbarkeit zusammenbrechen. Wo der einheitliche Geist abhanden gekommen, werde bald alles sich auflösen und zu faulen beginnen. – Einen einheitlichen Geist der Wissenschaft, sage ich, gibt und gab es zu keiner Zeit. Diese Einheit vermag, wenn überhaupt, nur das Individuum zu schaffen, indem es die eigene Erfahrung überblickt und zur Einheit verschmilzt – um aus dieser Einheit wieder wirken zu können. Die Wissenschaft selbst, wenn man darunter die Millionen Bände an Büchern versteht, die in der Welt verstreut sind, besitzt weder Geist noch irgendwelche Einheit. Kein Mensch könnte jemals zur Wirksamkeit gelangen, würde er sich von diesem Ungeheuer beeindrukken lassen und stillestehn aus Sorge, er müsse unzulänglich sein, bis er den Berg abgetragen. So schnell liest kein Mensch, wie diese Heerscharen Gelehrter und Ungelehrter schreiben. Lichtenberg sagte zu einer Zeit, als die deutsche Literatur noch in den Windeln lag – inzwischen kämpft sie mit dem Krebs –, es seien zuverlässig in Deutschland mehr Schriftsteller, als alle vier Weltteile überhaupt zu ihrer Wohlfahrt benötigten. Und spricht uns zum Trost: Die Wälder werden immer kleiner, das Holz nimmt ab, was wollen wir anfangen? Oh, zu einer Zeit, wenn die Wälder aufhören, können wir sicherlich so lange Bücher brennen, bis wieder neue aufgewachsen sind. Seneca rät: Distringit librorum multitudo: itaque cum legere non possis, quantum habueris, satis est habere, quantum legas. Probatos itaque semper lege, et si quando ad alios deverti libuerit, ad priores redi.

Wo der Mensch auf sich selbst und den begrenzten errungenen Raum vertraut und nicht irre wird an der Unendlichkeit, seh ich keinen Grund, warum das große Gebäude der Wissenschaft – welches eigentlich nur ein großer Haufen ist, der im ordnenden Geist des Individuums erst Züge eines Bauwerkes annimmt – einmal aus Verwirrung zusammenstürzen soll. Wäre auch jeder Wissenschaftler nur ein in sich fester Stein auf seinem Platze, der sich um die entfernteren nicht bekümmerte, und bestünde der einzige Bauplan dieses Turmes in der Notwendigkeit, welche die menschlichen Bedürfnisse mit sich bringen, so wäre sein einstiger Zusammensturz dennoch höchst ungewiß. Die Welt schaukelt und schwankt beständig und hält sich eben dadurch am Leben. Was die Kranken schwächt, stärkt die Gesunden. Auch diese Inflation. Gebiert die Chemie einen neuen Wissenszweig, wird ein aufgeschlossener Jüngling mit Freude die Gelegenheit ergreifen, seine frische Kraft darin zu spüren und zu entfalten. Ihn wird nicht kümmern, ob sich dadurch die Sicht über die gesamte Wissenschaft um einen weiteren Schritt erschwert. Wenn er nur Übersicht über den neuen, über seinen Bereich gewinnen kann. Er wird nicht moralisieren, seine neuen Erkenntnisse und Entwicklungen könnten auch zum Schaden der Menschheit mißbraucht werden. Solange er sie keinem ungerechten Zwecke zuführt, ist sein Gewissen ruhig.

18

Das wissenschaftliche kausalistische Denken, welches einerseits unsern Blick so recht auf den des Maulwurfs reduziert, vermag dem Geistreichen durchaus auch Anregung zu weiteren Gedanken zu sein. Macht es ja in seinem weitgefaßten Sinne deutlich, daß nichts in der Welt ohne Zusammenhang sein und wirken kann. Jeder Punkt der Natur ist so mit dem Ganzen verbunden, daß er für sich nicht bestehen kann. Anders gewendet, hängt das Ganze so unentrinnbar an dem einen Punkte, daß mit Recht dieser ebensogut als das Ganze zu bezeichnen wäre. Auch die Mathematik mag hier eine Anschauung beisteuern: Jeder kennt jetzt die gezeichneten Kurven und Linien, mit denen mathematische Funktionen dem Auge leicht zu schauen dargeboten werden, welche zu durchschauen sonst einige Übung des Geistes erfordert. Etwa eine Polynomfunktion beliebig hohen Grades, die, als solche Kurve gezeichnet, unter Umständen ein recht abenteuerliches Schlangenungeheuer von endlosen Wellen und Ebenen, Windungen und jähen Abstürzen ergibt, eine solche unendliche Vielfalt und Abwechslung ist für den Mathematiker dennoch aus einem beliebig klein gewählten Ausschnitt in ihrem gesamten Verlauf bis in alle Unendlichkeit genauestens zu bestimmen. Man stelle sich vor, der kürzeste Strich, ja im Grunde ein Punkt – denn was sind eine endliche Anzahl von Punkten auf unendlich kleinem Raume anderes als wieder ein Punkt – enthält die sämtliche Beschreibung und exakteste Bestimmung eines solch endlosen und ewig sich verändernden Gebildes. Warum nun sollte sich dieses Wunder nicht in der Natur wiederholen, da Gott doch fähig sein wird, eine Welt so vollkommen zu erschaffen, als wir, eine mathematische Kurve auszudenken. So muß ein feiner Geist, wie der Gottes, einem Staubkörnchen ansehen, wie es um die gesamte übrige Welt in jedem Augenblick steht, also auch alle Vergangenheit und alle Zukunft darin lesen können. Hätte ein Chinese auf der anderen Seite des Erdballs nicht in diesem Augenblick mit der Faust auf den Tisch geschlagen, so müßte auch Zustand und Ort dieses Staubkörnchens bei uns ein anderer sein. Die Hypothese, Lichtgeschwindigkeit sei die schnellste in der Natur vorkommende Geschwindigkeit, wird hierdurch eigentlich philosophisch widerlegt und auf den empirischen Bereich zurückgewiesen. Daß wir nicht oder noch nicht in der Lage sind, eine höhere Geschwindigkeit zu messen, mag immerhin richtig sein – daß Raum und Zeit und somit auch die Geschwindigkeit, als der Quotient zweier ihrer voneinander gänzlich unabhängiger Werte, irgendwo beschränkt sei, im Schnellen sowenig wie im Langsamen, liegt nicht im Vorstellungsbereich eines gesunden Geistes. Zu jedem Zeitpunkt hängt jedes Teil der Welt mit jedem andern zusammen. Würde der Faustschlag des Chinesen erst nach einer Weile bei uns seine Wirkung zeitigen – nach Art wie uns, im Bereich des Beobachtbaren, die elastischen Bewegungen zu erscheinen pflegen –, so wäre, zum Zeitpunkt des Schlags, das hiesige Staubkorn unabhängig von unserm Chinesen, eine Zeit später würde es in seine Abhängigkeit geraten, welches beides vorzustellen ein Unding ist. Eine unabhängige absolute Materie können wir uns nicht denken, und gäbe es sie, könnte sie nicht plötzlich abhängig werden. Wie sollte sich dieser Schritt von Freiheit zu Unfreiheit vollziehen? Läge in der absoluten Freiheit die Möglichkeit, unfrei zu werden, so läge gleichbedeutend die Unfreiheit in ihr und höbe sie damit auf. Im grob Sichtbaren mag solches jeden Tag geschehen; wenn wir der Sache mit Überlegung auf den Grund gehen, ist es unmöglich.

Auf diese Weise leitet uns das wissenschaftliche Denken, so eng es zunächst sein mag, zum Allgemeinen, Überlegenen, Philosophischen. Alles wirkt auf das Eine, also ist in dessen Zustand auch alles als Wirkung enthalten. Weil ein subtiler Geist aus der Wirkung auf die Ursache zurückschließt, wird ihm aus dem Einen ein jegliches bekannt: Aus dem Punkte der gesamte Verlauf einer vielfältigen Kurve; aus dem Samenkorn der ganze Baum; aus zwei Zellen der Mensch; aus einem Staubkorn die ganze Welt. παλιν γαρ εν παντι μεμικτα, ist uns vom Anaxagoras übermittelt.

Das Staubkorn hat freilich bei dieser Erkenntnis nicht viel Bedeutung für uns, weil Sinne und Intellekt für die Betrachtung zu schwach oder jedenfalls ungeeignet sind, viel Vernünftiges daraus zu lesen. Sein Gebrauch als Allegorie für die universale Verwobenheit der Welt ist daher nur ein phantastisches und recht abstraktes Gedankenspiel. Beim Anblick anderer Dinge, die unseren Sinnen deutlicher werden, Blumen, Vögel, beim Lied des Sängers, ahnen wir hingegen, so wir in guter Stimmung sind, daß die Welt sich hier in einem kleinen Ausschnitt vollständig offenbart.

> Und wie muß dirs werden, wenn du fühlest,
> Daß du alles in dir selbst erzielest,
> Freude hast an deiner Frau und Hunden,
> Als noch keiner in Elysium gefunden,
> Als er da mit Schatten lieblich schweifte
> Und an goldne Gottgestalten streifte.
> Nicht in Rom, in Magna Gräcia,
> Dir im Herzen ist die Wonne da!
> Wer mit seiner Mutter, der Natur, sich hält,
> Findt im Stengelglas wohl eine Welt. (Goethe)

Daher die große Torheit der Menschen, welche ihr Glück ständig anderswo suchen, als wo sie sind. In fernen Ländern, im Reichtum, in andern Weibern, im Wein oder ständig neuen Büchern, Schauspielen und dergleichen Unterhaltung. Im Horaz finden wir:

> Coelum non animum mutant
> Qui trans mare currunt.

Und beim Epikur: Wenn einem sein Eigentum nicht als durchaus herrlich erscheint, mag er der Herr der ganzen Welt sein, dennoch ist er unglücklich. Wer Gott in sich trägt, sagt Meister Eckhart, dem ist an jeder Stätte und in jeder Gesellschaft wohl. Er ist überall zufrieden. Man kann dies auch umkehren und sagen: Wer zufrieden ist, trägt Gott in sich. Denn Zufriedenheit ist nicht Stumpfheit und träges Hinnehmen der Umstände. Sie ist vielmehr Einswerden mit ihnen, Erkenntnis, daß man am Einen alles hat, Überwindung des allem im Wege stehenden Ichs, welches sich überall wundreibt und stolpert. Das zufriedene, das höhere Ich fühlt sich selbst dann noch oder gerade dann wohl, wenn es kämpft, sich müht und leidet. Der Gegensatz zwischen ihm und seinem Feind wird ihm notwendige, herrlichste Natur, nicht Anlaß zum Gram. Es vermag im Gegensatz so leicht ein Gotteswerk zu erblicken als in der vollkommensten Harmonie. Es kennt eine höhere Harmonie, wo der Unzufriedene, sprich Engerblickende, noch Streit und Chaos sieht. Darum hat Epikur hier unrecht, wenn er sagt, man dürfe die an sich unvollkommenen Dinge nicht als Teil und Werk des glückseligen und unvergänglichen Schöpfers betrachten, da man ihm sonst etwas von seiner Vollkommenheit benähme. Nämlich: Da sich alle Unvollkommenheiten gegenseitig ausgleichen, so bleibt als Summe am Ende nichts als Vollkommenheit und sehr wohl eine Zier für den Schöpfer und Verwalter. Um den Epikur aber nicht fortstoßen zu müssen, wollen wir seine Rede so auffassen: Man darf die Dinge nicht in dieser unvollkommenen Gestalt, in welcher sie uns zunächst erscheinen, dem Schöpfer ankreiden. Man muß sie entweder in ihrer Tiefe betrachten oder in ihrem universalen Zusammenhang mit der übrigen Welt. Dann wird man ihre wahre Vollkommenheit ergründen und dem Schöpfer gerecht werden.

Über literarischen Unterricht

Wer einen Wagen kauft, braucht nicht um die Künste zu wissen, die zur Fertigstellung erfordert waren. Ebensowenig muß ein Brotesser wissen, wie und welche Weizensorten hier gezüchtet oder gekreuzt wurden und wo die Hefe herkommt oder der Sauerteig. All diese Dinge bilden jedoch den Wirkensgrund des Technikers, des Bauern, des Bäckers und all derer, die etwas für die Allgemeinheit hervorbringen. Ebenso stehen einem Dichter, einem Maler sämtliche Fertigkeiten seiner Kunst zu Gebote, und doch braucht ein Genießer dieser Künste wenig über das Hin und Her in der Werkstatt zu wissen, den daktylischen Pentameter, den Asklepiadeus und Pherekrateus, den iambischen Trimeter und den Senar. Die Künste müssen darauf wirken, ihre Produktionen so allgemein gebräuchlich zu gestalten, daß den Aufnehmenden, außer etwaiger Mangel an allgemeinen Kenntnissen, nichts in seinem Genusse stört.

Man denke sich aber jetzt eine Schule gegründet, in der erforscht und erzählt würde, wie irgendein namentlicher Bäcker oder Schreiner bei seiner Arbeit vorgegangen, welche Werkzeuge, welche Rechnungen und welche Gedanken er gebraucht, um eines seiner Werkstücke zu fertigen. Die ganze Lehre wäre nicht auf Unterricht zum Gebrauche eingerichtet, sondern nur so zum uneigennützigen Selbstzweck; nicht, um den Schülern beizubringen, später selbst einmal in diesen Fertigkeiten tätig zu werden, nein, nur um zu verstehen, auf welche Weise andere bereits darin tätig gewesen – auch dieses Verstehen nur auf den besonderen Einzelfall bezogen, respektiv, nicht auf die Zukunft weisend, keine allgemeine Regel vermittelnd, ja sogar ausdrücklich gebietend, durch Wiederholung gehe jeglicher Wert verloren, welcher einzig in der Originalität und Einmaligkeit bestünde. Nur in dieser wunderlichen Tätigkeit müßte jeder Schüler ganz originell sein, um in den Werken der wahrhaft Tätigen Dinge auszukundschaften, die bislang noch keinem zu betrachten eingefallen. Doch wären alle Ergebnisse notwendig in der Hauptsache Spekulation.

Würde eine solche Einrichtung nicht von allen herzlich ausgelacht, weil sie weder die Kunst lehrt, etwas zu produzieren, noch ein Produziertes zu gebrauchen, statt dessen an einem beliebigen wertvollen oder weniger wertvollen Gegenstande mit allem erdenklichen Verstande und keine Phantasie schonend herumspekuliert, wie er wohl entstanden sein könnte, was sich sein Produzent während der Arbeit alles gedacht, wodurch er angeregt worden, welches Gerüst und wie viele Leitern von welcher Farbe und aus wie altem Holz er beim Bau als Hilfen eingesetzt – lauter Dinge, die weder einen künftigen Produzenten noch je einen Konsumenten einmal zu interessieren haben.

Es geschieht dies aber tatsächlich bei uns in allen Schulen des Landes und vor allem an den Universitäten, überall, wo die schönen Künste in irgendeiner Form wissenschaftlich behandelt werden. Dort übt man weder Vorlesen noch Rezitieren, noch sich eines Versmaßes zu bedienen, noch irgendeinen schönen Satz, geschweige einen solchen Gedanken oder eine edle Empfindung zu formulieren, kein Bild zu malen und keine Melodie zu ersinnen – am allerwenigsten jedoch, ein bestehendes Werk dieser Künste zu lieben. Darum kann nur natürlich sein, daß die Gelehrten dieser Fakultäten von den Künstlern verachtet, von den Liebhabern gemieden und allein von den Unsicheren, die allerdings auch eine Zahl bilden, geduldet werden. Vor allem ist das literarische Fach hart getroffen, weil dort diese wissenschaftliche Vorgehensweise die einzige überhaupt an öffentlichen Bildungsanstalten praktizierte ist. In der Malerei gibt es noch Malschulen, wo man in den staatlichen wenig, in privaten doch manches Brauchbare lernen kann. In der Musik wird die Interpretation der klassischen Musik hervorragend gelehrt, wenn auch das Komponieren neuer Werke recht im argen liegt. Beim Schreiben jedoch ist jeder ganz auf sich selbst gestellt, keiner gibt Rat, keiner Anleitung, nur Betrachtungen werden zum Überdrusse durchgekaut, die keinem, dem Leser sowenig als dem Schreiber, etwas nützen. Demnach steht es auch um die heutige Literatur. Überall wird ausprobiert, überall am Nullpunkte begonnen, als müßte man, um sich in der Kultur zu bilden, in eine finstere Höhle der Vorzeit kriechen. Wer nicht von selbst zu den gebildeten Klassikern findet, muß im Sumpfe steckenbleiben, mag die Natur auch viel Talent in seine Wiege gelegt haben.

Über Begriffe und Definitionen

Steife und akademische Gemüter stellen an den Anfang jeder Behandlung alle möglichen Definitionen und Festlegungen, wie dieses oder jenes Wort zu gebrauchen, was exakt darunter zu begreifen sei und was niemals dabei gedacht werden dürfe. Ganze Philosophenschulen wollen sich damit einen Freibrief für ihre folgende, trockene, bildlose und unverständliche Rede verschaffen. Denn, sobald ein Wort definiert ist, glauben sie das Recht zu haben, es jederzeit nur hersagen zu dürfen, ohne einkleidende, es in dem jeweiligen Zusammenhang beleuchtende Worte und Bilder. Jeder muß ja, nach ihren Forderungen, die Definition samt dem umfassendsten Begriff, den diese hätte bilden sollen – aber niemals getan hat –, parat zu jeder Zeit im Kopfe tragen, und nicht nur von einem, sondern von allen definierten Worten zugleich. Nun ist es aber sehr schwierig, von einem einzigen Wort, mag es noch so eng und klar definiert sein, die ganze Bedeutung, den vollständigen Begriff auch nur eine sehr kurze Zeit völlig gegenwärtig zu haben. Zu behalten völlig unmöglich. Ja, bei einer engen, strengen Definition keineswegs einfacher, höchstens schwerer: Denn dafür, daß man sich hier weniger gegenwärtig halten muß, was es sei, hat man sich ungemein mehr vor Augen zu halten, was es nicht sein soll.

Jedes Wort besitzt eine Mannigfaltigkeit von Bedeutungen und noch mehr Färbungen einer jeden solchen. Die Anzahl, mit der das Wort »schön« ausgesprochen, gedacht, geschrieben, gelesen, gehört wurde, seit es Menschen gibt, zeigt uns die exakte Anzahl seiner Bedeutungen, eine Myriade. Der Gebrauch mag vielfach ähnlich gewesen sein, gleich war er wohl nie. Und dennoch konnte oft ein

Mensch dem andern seinen Begriff von Schönheit völlig ausreichend mitteilen, weil er den Zusammenhang, worin, und die Ursachen, wodurch er etwas schön fand, mitteilte. Diese sind die eigentlichen Vermittler, das besondere Wort nur der Wimpel ihres Zuges. Wie man den Feind wohl am Feldzeichen erkennt, mit Erringung desselben aber noch nicht bezwungen hat, so wenig erringt man mit dem Wort einen Begriff.

Aus dem Grunde sind diejenigen, welche den Begriff eines Wortes bei jeder Erwähnung von neuem und auf die jeweilige Situation zugeschnitten bilden und durch Bilder hervorarbeiten, zwar nicht die kürzeren, aber die verständlicheren Redner. Und es sind diejenigen, die ihren Geist ständig einsetzen, anstatt ihn nach einmaligem Gebrauche, wenn das Definieren abgetan, dem Leichenwärter zu übergeben.

Gedanken oder Gefühl in der Kunst

Schopenhauer meint, wo kein wahrer Gedanke, könne auch keine klare, eindeutige und keine schöne Form entstehen. Ein unverständlicher, holpriger Stil hätte ebensolche Gedanken zur Ursache, und ein heller Kopf, in dem Ordnung herrsche, wüßte diese Eigenschaften ebenso in seinen Ausdruck zu legen.

Umgekehrt behauptet Alain, die Form mache den wahren, natürlichen, den ungezwungenen Gedanken. Wer mit vorgefaßten Gedanken an ein Gedicht zu schreiben ginge, würde niemals lebendige Poesie hervorbringen, vielmehr kaltes, logisches Gedankenwerk, aus welchem nirgendwo das Leben, aber überall die Absicht mit dicken Augen hervorlugte. Wer sich hingegen von der notwendigen Form, etwa vom fehlenden Reime, leiten ließe, müsse von selbst auf die passenden Einfälle und Gedanken stoßen. Die Schönheit sei eine sicherere Leiterin als der Verstand.

Zuweilen gewinnt man den Eindruck, als wollten diese guten Geister, um den Leser durch Provokationen wach zu halten oder zu rufen, mit Absicht der Einseitigkeit sich übergeben. Warum wollen sie nicht Gedanken und Empfindung gleichermaßen als Führer gelten lassen, um mit diesem doppelten Gespann zur Wahrheit und zur Schönheit zu gelangen. Wenn dann das eine Roß sich gerade schwächer fühlt, kann das andere die Scharte vielleicht noch auswetzen, und sind sie beide in vollem Temperament, wird die Fahrt um so geschwinder ins Ziel gehen.

Über Bilder

In den letzten Jahren ist eine geheimnisvolle Art der Farbphotographie aufgekommen, die an innerer Harmonie, Ausgeglichenheit der Farben und Einheitlichkeit der Stimmung noch niemals ihresgleichen hatte. Die Bilder erwecken den Eindruck, als hätte der Künstler vorher die Natur nach eigenen strengen Regeln der Ordnung aufgeräumt und geradezu in Formen und Farben komponiert, um dann seiner Maschine nur noch die Aufgabe zu überlassen, alles getreu und stur mechanisch festzuhalten. Damit gelingt erstmals, was früher den Malern und Zeichnern vorbehalten blieb. Auf welche Weise diese Künstler der Technik das Wunder zustande bringen, ist mir einigermaßen rätselhaft: Allein, es gelingt. Wir besitzen endlich wieder einen würdigen Ersatz für die hohe Kunst unserer Vorfahren, welche so vortrefflich Prospekte von schönen Gebäuden, Straßen und ganzen Städten anzufertigen und auch die kleinen wie die weiteren Gestaltungen der Natur, von der Blume bis zum Panorama, in schöner Stimmung festzuhalten wußten. Ich meine fast, daß diese früheren jetzt zum Teil noch übertroffen werden. Einen langen Weg mußte die Entwicklung der Photographie beschreiten, und ebenso die Photographen, bis die mechanische und die künstlerische Technik diese Höhe erreichen durfte.

Die Maler sind dabei längst auf der Strecke geblieben: Nicht, weil es ihnen an Vermögen fehlte, schöne Ansichten unserer Welt zu fertigen; solches hätten sie nötigenfalls mit Fleiß erwerben können: nein, sie haben mit dem Aufkommen der Photographie einfach jede Lust verloren, anständig nach der Natur zu arbeiten. Sie empfanden sich auf diesem Gebiete jetzt überflüssig oder ahnten vielleicht nur, daß sie es eines Tages sein würden. In diesem Überdruß ließen sie sich gehen und hängen und dachten jeden Tag einen andern Unfug aus, um ihr als überflüssig empfundenes Dasein mit Wichtigtuerei zu bemänteln. So hatten wir hundert Jahre durchzustehen, während derer die Malerei verdorben, die Photographie noch nicht zu annehmbarer Vollkommenheit gediehen war.

Selbstverständlich rede ich hier nur von Gebrauchskunst: von naturgemäßer und künstlerischer Abbildung der Landschaften, Tiere, Pflanzen, bemerkenswerter Architektur, der menschlichen Gestalt in allen Ausprägungen wie etwa Portrait oder Akt und in denkbaren Kombinationen all dieser Teile unserer täglichen Welt. Hier scheint die Photographie allmählich einen hohen Stand zu erringen, vielleicht einen höheren, als in der Malerei je erreicht werden konnte. In der höchsten Kunst freilich, welche ich einmal die »ideale Kunst« nennen möchte, ist die Photographie bislang völlig untauglich, und ich kann mir nicht denken, welchen Boden sie hier einmal gewinnen sollte. Es lassen sich durch sie weder Götter noch Teufel darstellen, kein Himmel, keine Tafelrunde auf dem Olymp, kein Hades, keine Thetis, die ihrem Achill die Waffen bringt, die am Strande um ihren Liebling weint, kein Christus, der verklärt zum Vater emporsteigt, kein Franziskus, der auf dem Alvernerberg die Wundmale empfängt; gleichviel ob wir diese Dinge als Symbole oder als verklärte Wirklichkeit auffassen, sie werden sich schwerlich mit einem Verfahren darstellen lassen, welches in seinem Kern das Funktionsprinzip trägt: die Natur des Tages, der Stunde mechanisch auf eine Tafel zu projizieren. Man mag hier verzerren, verfärben, verfremden; die eigentliche Art der Hervorbringung bleibt dieselbe, nämlich real, niemals ideal. Dadurch wird alles Poetische, alles Mythische und alles Mystische unmöglich.

Auf diesem Gebiet werden wir weiterhin eines Besseren harren müssen. Den Malern sind die Köpfe verrückt, den Photographen die Hände gebunden, und die Schar der Intellektuellen, welche eine bessere Kunst verlangen müßte, scheint paralysiert.

Streit der Philosophen

Ητοι μεν πρωτιστα Χαος γενετο
Wahrlich zuerst entstand die
unendliche Leere,

beginnt Hesiodos;

Ante mare et terras et, quod tegit omnia, caelum
Unus erat toto naturae vultus in orbe
Quem dixere Chaos, rudis indigestaque moles
Nec quicquam nisi pondus iners congestaque eodem
Non bene iunctarum discordia semina rerum.

Früher als Meer und Erde und allesdeckender Himmel
Gab es nur ein Gesicht der Natur im ewigen Erdkreis,
Finsterste Leere genannt und rauhe gliedlose Masse,
Nichts als leblose Schwere, zusammengeworfen im Raume,
Lose verbundenen Stoffes harmonieloser Same.

so Ovid.

Wann immer die Philosophen ihre höchsten Begriffe in Anschlag bringen, das ewige Eine, das Sein, das Absolutum, das Ding an sich, das erste Prinzipium, den tiefsten Urgrund der Welt, verstrickt sich meine Phantasie in diesem archaischen Gewühle, mit dem die alten Dichter die Zeiten beginnen ließen. Wohl sträube ich mich und nehme alle Mühe zusammen, solche Begriffe hell, klar und als vollkommene Ordnung zu denken, allein der Geist fühlt sich zu schwach. Es fällt mir leichter, in den Anblick einer gelungenen Statue bis zur Bewußtlosigkeit zu versinken, über der unendlichen, gebändigten Kraft einer Symphonie in den schönsten Seelenzustand zu geraten oder über die gute Tat eines Zeitgenossen in Tränen auszubrechen. Ob erdichtete oder wahre Götter, ob ausgedachte große Menschen oder wahre mit großen Zielen und gutem Willen, ob gemalte oder wirkliche Natur: rührt nicht alles mehr, wenn ihm ein paar sinnliche Attribute anhängen, wenn es nicht nur allein und trocken, sondern als lustiger oder tragischer Gefährte der Phantasie einherschreitet?

2

Εν αρχη ην ὁ λογος. Dies klingt etwas besser, doch will ich, in Betracht der Schwierigkeiten, welchen schon Faust zu unterliegen drohte, die Übersetzung selbst nicht wagen, statt dessen lieber sein vorläufiges Resultat an die Stelle setzen als meiner eigenen Vorstellung ganz angenehm: Im Anfang war die Tat!

3

Die allgemeinste Idee nimmt sich in Gestalt eines Individuums am schönsten aus. Das dachte auch Plato und erzählte seine abstrakten Gedanken gerne so anschaulich. Die meisten seiner Schüler bis auf den heutigen Tag wähnen ihre hauptsächlichste Aufgabe, den gedanklichen Kern dieser wohlgeschnittenen Kleidung zu berauben, daß er endlich nackt und kahl dastehe und seine ganze innere und eigenständige Größe zeige. Das kommt aber ungefähr heraus, als wollte man die Größe Ludwig des Vierzehnten dadurch besonders hervorheben, daß man ihn nackt, in einen leeren Glaskasten gesperrt, dem Volk zur Schau stellte. Selbst bei Friedrich dem Großen oder einem Lykurgos dürfte der Erfolg eines solchen Unternehmens wohl auszuhalten sein.

Es muß einen Sinn haben und kann vom Schöpfer der Welt nicht ganz umsonst so eingerichtet sein, daß den Menschen am nächsten geht, was sie durch die Anschauung ergreifen, was sie sich in ihrer Nähe befindlich denken können. Den deutlichsten Begriff vom Guten fassen wir nicht durch abstrakte Spekulationen, sondern durch Beispiele, wie wir sie erleben in den Handlungen unserer Lebensgenossen oder als Fiktion in Roman und Schauspiel. Valentin Rasputin, ein russischer Dichter unserer Tage, erklärte kürzlich, warum er Dorfgeschichten schreibe, die von Heimatverbundenheit und volkstümlicher Tradition handelten. In einem engen Rahmen wie diesem könnten wahre und menschliche Gefühle um vieles deutlicher dargestellt werden als in einem kosmopolitischen. Je weiter der Kreis gesteckt sei, desto schwieriger, die Anteilnahme an den Schicksalen der Personen zu erzeugen. Wie sollten wir für Menschen aus dem Weltall, aus irgendeinem weiten Sonnensystem, echtes Mitleid empfinden, da wir sie doch nicht einmal kennen und nie kennen werden. Tugend und Mitgefühl müsse man dort üben, wo man lebe, oder wenigstens, so es in Gedanken geschehe, in Verhältnissen, welche mit der Phantasie erreichbar seien, also wieder bei Einzelschicksalen. Wie kann man am Elend eines ganzen Kontinents aufrichtig teilnehmen, da man nicht einen einzigen Bewohner auch nur flüchtig kennengelernt hat. Was hier schmerzt, ist nur das eigene schlechte Gewissen, welches uns sagt, es könne nicht ganz rechtmäßig sein, wenn diese alle hungern, währenddessen wir im Überflusse mit der Langeweile kämpfen.

Chesterton sagt einmal: Einem Kind macht keine Schwierigkeit, zu verstehen, daß Gott den Hund und die Katze erschaffen hat, obgleich sich wohl bewußt, wie die Erschaffung von Hunden und Katzen ein mysteriöser Vorgang ist, der weit über seine eigene Vorstellungskraft hinausgeht. Aber kein Kind würde verstehen, was man meint, wenn man den Hund und die Katze und alles übrige zu einem einzigen Ungeheuer mit Myriaden von Beinen zusammenmengen und es Natur nennen würde. Das Kind würde unbedingt verweigern, sich mit solch einem Tier abzugeben.

4

Was ist ein poetischer Gegenstand. Ein Objekt, welches sich eignet, im Zentrum einer darstellenden oder sprechenden Kunstproduktion zu stehen. Goethe schreibt über seine Jugendjahre: »Wir waren überzeugt, durch treues Aufmerken, durch fortgesetzte Beschäftigung lasse sich allen Dingen etwas abgewinnen und man müsse durch beharrlichen Eifer doch endlich auf einen Punkt gelangen, wo sich dem Urteil der Grund desselben aussprechen lasse.« Ich meine auch, man könnte im unscheinbarsten Stückchen Stein eine kleine Welt vorfinden, die durchaus wert wäre, in all ihren Spielarten, Formen und Farben ausgemalt zu werden. Darin ließe sich bei genauer und phantasievoller Betrachtung soviel Leben, Bewegung und Schicksal finden als in irgendeinem Zustand der Welt. Man denke an die chemischen und physikalischen Umsetzungen, die fortwährend in dieser Materie stattfinden; und nimmt man sich einen kleinsten Ausschnitt heraus, so hat man ein Leben vor sich. Nur würde sich dieser Stein doch nicht für eine poetische Behandlung eignen; und zwar aus dem Grunde, weil Geist und Gemüt in diesem Fall etwas Näherliegendes verlangen, was das menschliche Schicksal unmittelbar betrifft, zu dem man nicht auf langem Wege durch Forschung und Phantasie gelangen muß.

Doch beim energischen Suchen nach Menschlichem in der Natur wird man sicherlich auf den Gedanken kommen, nicht der Mensch allein habe eine Seele, sei allein glücklicher und tragischer, ja überhaupt großer Empfindungen fähig, sondern würde sich, wie in den Bereichen seiner Geschicklichkeit und Technik, auch im Seelischen und Geistigen nur graduell, nicht grundsätzlich vor der übrigen Schöpfung auszeichnen. Zur heiteren Bestätigung einer solchen Beseeltheit aller Dinge finden wir etwa beim Giordano Bruno im 2. Dialog:

Dicson: Um zum Schlusse zu kommen, nehmt ihr denn an, daß es überhaupt kein Ding gebe, welches keine Seele, und nicht zum mindesten ein Prinzip und einen Keim des Lebens in sich hätte?

Teofilo: Das gerade ist es, was ich ohne allen Abzug will.

Poliinnio: Also ein toter Leichnam hat noch eine Seele? Also meine Schuhe, meine Pantoffeln, meine Stiefel, meine Sporen, mein Fingerring und meine Handschuhe sollen beseelt sein? Mein Rock und mein Mantel sind beseelt?

Teofilo: Ich sage, daß der Tisch als Tisch, das Kleid als Kleid, das Leder als Leder, das Glas als Glas allerdings nicht belebt ist. Aber als natürliche und zusammengesetzte Dinge haben sie in sich Materie und Form. Das Ding sei nun so klein und winzig wie es wolle, es hat in sich einen Teil von geistiger Substanz, welche, wenn sie das Substrat dazu angetan findet, sich danach streckt, eine Pflanze, ein

Tier zu werden, und sich zu einem beliebigen Körper organisiert, welcher gemeinhin beseelt genannt wird. Denn Geist findet sich in allen Dingen, und es ist auch nicht das kleinste Körperchen, welches nicht einen ausreichenden Teil davon in sich faßte, um sich beleben zu können. Sind sie nicht lebendig, so sind sie doch beseelt. ...

Vielleicht erkennt auch ein Tier, bis zu einem gewissen Grade, nicht nur, was es haben oder tun will, sondern auch, ob es gut sei, dies zu haben oder zu tun; nicht nur, ob ihm etwas nützlich, sondern auch, ob es schön sei. – Diese Dinge aber machen doch das Privilegium des Göttlichen, welches wir der übrigen Schöpfung so wenig zubilligen wollen. Und was die Wahrnehmung der Vernunft betrifft, ist fraglich, ob ein außerhalb der Menschheit lebendes Wesen mehr davon in ihr ausfindig machen würde als wir in der Welt der Tiere und Pflanzen. Bei den Tieren etwa können wir durchaus Mitleid, Ehrgeiz, Heldenmut, Ergebenheit, Dankbarkeit und Sinn für Ordnung erkennen, und es mag unserem Mangel an Einfühlungsvermögen gnädiger zuzuschreiben sein als unserem Hochmut, wenn wir diese göttlichen Qualitäten dort nur auf den Instinkt verweisen, sie demnach als tote Mechanik abtun. – Vielleicht ist selbst die Mechanik, selbst der Stein nicht tot, nur uns zu ferne, als daß wir in ihr Leben einzudringen vermöchten. Wie sich das aber verhält, es ändert nicht unser Unvermögen und mangelnden Eifer, an einem anderen Lebensschicksal als dem des Menschen mit anhaltender Innigkeit teilzunehmen. Die übrige Welt muß uns entweder dienstbar oder Spiegel sein, wenn sie unser Interesse halten will: Das Tier muß arbeiten oder uns bekanntes, menschenähnliches Verhalten vorspielen, Fürsorge den Jungen erweisen wie die Schwalbe, Treue wie der Schwan, Staatskunst wie die Ameise. Und doch lassen wir am Ende nicht mehr davon gelten als unbiegsamen Instinkt, uns ein Schema, ein Symbol zur Unterhaltung. Wir können dem ανθροπος μετρον παντων nicht entfliehn, und was wir an Fremdem bei uns einbürgern, dem ziehen wir zuerst unsere Kleider an.

Alle Kunstwerke handeln von Liebe und Tod, von Tugend und Schlechtigkeit, von Herrlichkeit und Elend des Menschen, und je deutlicher und bedeutsamer die von wechselhaftem Geschick auf und nieder geworfenen Charaktere, desto größer das Werk. Immer sind diese Schicksale so gestaltet, daß in wildestem Sturm und reinster Seligkeit nur klarer dargestellt wird, was auch in der unbedeutendsten Seele vorhanden, aber vielleicht nur schüchtern und zaghaft ausgebildet ist. Vielleicht ließe sich so auch die vielumrätselte καθαρσις παθηματων, die Reinigung der Leidenschaften, welche Aristoteles der Tragödie zuschreibt, erklären: die menschlichen Leidenschaften, Sehnsucht, Furcht, Mitleid, Haß, Verzweiflung, werden in der Tragödie, gereinigt von allem, womit sie der Alltag zu verschleiern, die Vergeßlichkeit zu trüben pflegt, in ihrer klarsten, erschreckendsten und ergreifendsten Form dargestellt und durch diese Deutlichkeit der Zuschauer, falls nicht unmittelbar gebessert, so doch wachgerüttelt und belehrt und damit sinnvoll unterhalten. Vor allem jedoch wird durch das Mitempfinden, das Mitleiden, das Mitfürchten eine Übung und Festigung der eigenen Seele bewirkt und der durch diese Strapazen Gegangene für sein eigenes, wirkliches Leben von aller Wehleidigkeit und Ängstlichkeit befreit und gereinigt. Wo ein guter Wille vorhanden, trägt jede Belehrung, jede Übung einmal ihre Frucht; wo ein schlechter, besteht wie überall Gefahr, die Sache durch den Eingriff weiter zu verderben. Wie die einen durch Übungen im Kampf und Kampfesspiele gleich zu Beginn beim ersten Schweißausbruch in Klagen und Stöhnen und Winseln versinken und eher empfindlicher als abgehärtet daraus hervorgehen, so mag es auch manchem beim Betrachten eines schlimmen Schicksals auf der Bühne ergehen. Anstatt sich für das eigene Schicksal zu stählen, übt er sich am Schauspiel nur, hellhöriger und feinfühliger zu werden gegen jedes eventuelle Ungemach des eigenen Lebens. Die starken Naturen hingegen nehmen freiwillig das Schauderhafte des Spieles auf sich, stets sich vor Augen haltend, wie ihnen etwas Ähnliches zustoßen könnte und sie es dann ebenso mutig bezwingen würden wie hier in der freiwillig gewählten Übungsstunde. Und kommt dann das Leben mit scharfen Zähnen auf sie zu, würden sie vor Scham eher versinken, als eingestehen, daß sie jetzt im Leben feige sind, wo sie zuvor im Spiel mit viel größeren Ungeheuern mutig umgingen. Ebenso wird das gute Herz durch die hohe Tat des Mimen angestachelt, von der niederen wendet es sich ab, und beides mit der vollen Inbrunst, dessen die Phantasie uns befähigt. Solche heftigste innere Übung vermag den Menschen nicht weniger zu stärken als der unerbittlichste Wettkampf, und er wird schließlich die Stürme des Lebens tüchtiger bemeistern und die eigenen Handlungen mit höherer Einsicht bestimmen. Man kann es mit dem Faustkämpfer vergleichen, der seine Arme im Training noch beschwert, um dann den wirklichen Kampf, wenn er sich dieser Bürde entledigt, fast wie Erleichterung zu empfinden.

Die Gegenstände der Kunst und Poesie sollen uns so nahe sein, daß uns nicht die geringste Anstrengung abgenötigt wird, sie als etwas zu betrachten, das uns unmittelbar angeht, in dem wir selbst mitleben, wenn auch nur insofern, als es jeden Tag der Möglichkeit nach begegnen kann.

Ebenso, meine ich, sollten sich die Philosophen nicht zu weit, oder wenigstens nicht über ganze Bücher hinweg, vom unmittelbar Anschaulichen und dem Menschen Nahestehenden entfernen und ihre Probleme in abstrakten Formen behandeln. Sie mögen auf ihre Art nichts Falsches denken, wenn sie um derartige Ausdrucksweisen ringen wie: »Nur Seiendes, das wesenhaft in seinem Sein zukünftig ist, so daß es frei für seinen Tod an ihm zerschellend auf sein faktisches Da sich zurückwerfen lassen kann, das heißt nur Seiendes, das als zukünftiges gleichursprünglich gewesend ist, kann, sich selbst die ererbte Möglichkeit überliefernd, die eigene Geworfenheit übernehmen und augenblicklich sein für seine Zeit«, um sagen zu wollen, daß nur Vergängliches vergänglich ist. Unser Geist, so sehr mit Entfädelung dieses Knäuels beschäftigt, wo jeder Begriff in seiner Unbestimmtheit alle anderen durchwebt, hat nicht genug Kraft und Geduld, den eigentlichen Sinn der Rede noch bis ins Herz zu prüfen. Ich bediene mich in diesen Fällen der Methode Alexanders bei Gordon, indem ich das Buch beiseite lege, und habe, wie dieser in der Politik, mir in der Seele noch immer Erleichterung damit verschaffen können. Wenn hier eine Kuriosität aus der Schule Heideggers oder bei ihm selbst aufgelesen ist, so nur, weil mir gerade ein solches Buch in die Hände kam; die anderen Schulen unserer Zeit sind der menschlichen Vorstellungskraft kaum verbundener, von den Akademien zu schweigen. Wo der Stoff des Lebens mangelt, ist das Allgemeine stets eine dankbare Zufluchtsstätte. Selbst wenn sich solche losgelösten Begriffe nicht von der Wahrheit entfernen, so doch vom Menschen. Nicht auf die Gültigkeit vor Gott oder sich selbst braucht ein solcher Philosoph oder Künstler zu verzichten, nur vielleicht auf sein Publikum hier auf Erden. Für diesen Magen muß er die Speise verträglicher zubereiten. Weil er aber darum keineswegs an Wahrheit vor Gott verlieren muß, scheint mir einleuchtend der menschliche Weg der bessere zu sein.

Doch wollte ich mit dieser skeptischen Betrachtung nicht in das ewige Klagelied aller Greise einstimmen, mit dem schon Nestor die Gegenwärtigen vor den Ehemaligen schmähte. Allerdings ist nichts schwerer, als unter den Zeitgenossen einen Philosophen anzutreffen, mit dem in Wettstreit zu treten einen echten Gewinn verspräche; was ich wiederum nicht aus Großsprecherei, sondern mit aufrichtigem Bedauern sage und mit einem Vorwurf an meine Bequemlichkeit, die mich immer wieder auf die Alten weist, da in dieser durch die Jahrhunderte gereinigten Substanz das Gute viel einfacher und müheloser zu finden ist als in dem chaotischen Ungeheuer der gegenwärtigen Literatur. Ständige Gemeinschaft mit den Großen der Vergangenheit verführt selbstverständlich zu einigem Dünkel gegen das eigene Jahrhundert, und ich laste, was an mir davon haftet, meinem unbeherrschten Temperament mehr an als dem Umstand, daß keiner mir entgegensteht, es zu zügeln und auf ein gediegenes Maß zu bringen. Ich denke, daß Zeit und Alter mich dereinst davon heilen, und versuche, mir bis dahin – so gut ich es vermag – mit Höflichkeit zu helfen.

5

Zu einer angenehmen Abstraktion: dem Gelde. Jedermann verliebt sich darin am Tag und verleugnet seine Liebe, wenn am Abend die Moral ans Herz ihm pocht. Dann wird schnell das Geld zum Inbegriff des Egoismus und so schmutzig, daß selbst das rohe Vieh sich voller Abscheu von ihm wendet. Wie auch Platon meint, es stünde mit dem Unterschied von Reichtum und Tugend so, daß sie gleichsam auf die Schalen einer Waage gelegt seien, von denen die eine steige, während die andere sinke.

Ist das eine lobenswerte Art, die geliebte dienstbare Gattin hinter die spanische Wand zu jagen, sobald sich hoher Besuch anmeldet, weil man fürchtet, sie würde nicht genügend Staat machen? Sicher ist ein so gespaltenes Lebensverhältnis keine ehrbare und keine angenehme Sache, und da ein anderer weiser Grieche gesagt hat: »Nur wer seine Güter zu genießen weiß, verdient es, reich zu heißen«, sollten wir auch das Geld ruhig unter die Güter zählen und durchaus erstreben, reich zu sein.

Doch kann diese Liebe auch das Glück behindern, und kaum wird einer mit Wahrheit reich sein, wenn er

>»überm Zählen seines Geldes sich
Verzehrt und stets nur Sack auf Sack zu häufen
Beschäftigt ist«.

Um den wahren Grund dieses ungleichen Verhältnisses zum Gelde herauszufinden, müssen wir aber den Scheffler und auch den Räuber einmal beiseite lassen – denn süchtig gehortet und gestohlen werden auch die anderen zufälligen, unsicheren Glücksgüter wie Haus, Hof, Weib und Kind und Ansehen und Ehre. Da ist nicht einzusehen, warum das Geld ein schlechteres Gut sein soll. Ich denke aber, es ist nur abstrakter, sozusagen der allgemeine Begriff all des andern – und deswegen, wie alle allgemeinen Begriffe, leider auch nicht recht lebendig. Wie der Philosoph, der nur mit weiten Begriffen jongliert, und ebenso der Mathematiker, weniger geliebt wird als der sinnenfreundlichere Dichter, der durch anschauliche Aufführung von Gleichnissen und Beispielen vielleicht dasselbe will, so steht auch der Liebhaber des Geldes in unserer Gunst dem Genießer greifbarer Dinge nach. Nur der Grad der Abstraktion, nicht der des Egoismus macht hier den Unterschied; denn Egoismus ist beim einen so gut als beim anderen zu denken. Umgekehrt läßt sich sogar ein Geldvergötterer vorstellen, der nahezu frei von Eigennutz den erworbenen Reichtum liebt – so frei als es der Liebe und dem

Stolz des Künstlers auf sein Werk nur möglich ist. Sein Reichtum ist sein Kunstwerk, sein abstraktes Kunstwerk – deren wir doch heute auch in den übrigen Bereichen der Kunst nicht wenige zu erdulden haben. Seine Sorge, es zu behalten, ist nur die Sorge, es zu erhalten (weil ja kein chemisches Element so schnell zerfällt wie ein Vermögen baren Geldes, sobald es aus der Hand dessen entweicht, der es mit Mühe und Geschick erwarb). Freuen mag sich also am Gelde einer, wenn er will. Uns scheint sein Herz dabei etwas enger und kühler zu schlagen – ähnlich dem des theoretischen Philosophen, des Mathematikers und des abstrakten Künstlers. Doch solange wir nicht deutlich eine Bosheit finden, sollten wir nachsichtig sein und wachsam, daß nicht Neid im Gewande des Tadels oder der Verachtung bei uns einschleicht. »Das Geld ist die menschliche Glückseligkeit in abstracto; daher, wer nicht mehr fähig ist, sie in concreto zu genießen, sein ganzes Herz an dasselbe hängt.« Schopenhauer.

Man kann gar sagen, das abstrakte Kunstwerk verhält sich zum gegenständlichen wie das Geldgeschenk zum Blumenstrauß. Zwar ist dieser in allgemeiner Form in jenem enthalten, weil der Beschenkte sich vom Gelde kaufen kann, was ihm beliebt, also jederzeit auch Blumen, doch wird die Banknote nie ein Geschenk der Freundschaft oder der Liebe sein können und auch niemals so verstanden werden. Weil der Schenkende sich keine Mühe nahm, beim Wählen und Beschaffen an den Empfangenden zu denken, in sein Wesen, seine Stimmung sich zu versetzen, um den besonderen und einzigen Gegenstand auszufinden, der diesem einzigen Gefäß sich anzuschmiegen geeignet ist, wird das Geldgeschenk auf ewig ohne Blut, ohne Freundlichkeit und Leben sein. Zumindest wird es weniger von diesen Tugenden besitzen – oft gar zu wenig, um nicht beleidigend zu sein.

So auch ein abstraktes Bild: Diese Linien und bunten Flächen, in denen das geistige Auge alles Denkbare, das körperliche nichts zu sehen vermag, erwecken den Eindruck, als habe der Künstler für sich selbst viel, für den Betrachter keine Zeit verwendet. Dieser sieht keine freundliche Hand zu sich ausgestreckt, ihm einen sorgfältig zubereiteten, auf ihn und sein Gemüt abgestimmten Genuß darzubieten, vielmehr warf man ihm einen Blankoscheck auf den Tisch, mit dem er sich nun selbst aufmachen soll, etwas Rechtes, ihm Gemäßes aufzufinden. Vielen eine Anmaßung und Beleidigung mehr als ein Geschenk.

Manche lieben das Geld mehr als die Blumen, und so mag auch manchem die gegenstandslose Kunst etwas bedeuten – den übrigen und meisten ist sie gegenstandslos und wird es bleiben.

6

Wir denken uns oft die Philosophie als ein endloses, schweigendes Meer, als ewigen Frieden, Bedürfnislosigkeit und Zufriedenheit, sich gegenseitig bedingend, aller menschlichen Zwistigkeit und Kleinlichkeit überhoben, Weisheit als Schlaf und Tod aller Gegensätze des Lebens. Diese Vorstellung steht im Osten in besonderer Blüte, und wir, als mit jener Kultur durch viele Fäden verbunden, träumen auf unsre Weise ebenfalls gerne von einer Freiheit, die uns wie Könige über alle Eitelkeiten, Mühsal und Händel erheben könnte. Wie oft habe auch ich schon mit einer durchaus edlen Befriedigung ein Abstractum abstractorum in meinen Gedanken entworfen, wenn ich hoffte, hier den ewigen Unsicherheiten und Vieldeutigkeiten des menschlichen Urteils zu entkommen. Wo Gut und Böse, Schön und Häßlich, Schein und Wahrheit, Sein und Nichtsein zusammenfließen, dort müßte sich fein leben lassen. Das Heraklitische gefiel hier besonders gut und schien mir als höchster Born der Weisheit:

τω μεν θεω καλα παντα και αγαθα και δικαια; ανθρωποι δε ἃ μεν αδικα υπειληφασιν, ἃ δε δικαια

Vor Gott ist alles schön, gut und gerecht; nur den Menschen scheint eines unrecht, das andere recht.

Je tiefer man sich in eine derartige Kontemplation der Welt versenkt, desto mehr festigt sich der Schluß, das Schicksal und die Notwendigkeit seien ihre stärksten Mächte. Wie auch Thales sagt: ισχυροτατον αναγκη, κρατει γαρ παντων. Am stärksten ist Notwendigkeit, denn sie bezwingt alles. Schnell ist man der kleinen und großen Händel der Welt enthoben, alles wird notwendig, nichts bleibt umstritten, aber auch nichts mehr einer Anteilnahme wert, da es doch kommt, wie es kommen muß. Gut und Böse verschwimmen ineinander, die Welt gelangt endlich zur Ordnung, muß dafür allerdings ihre Farben lassen.

7

Dem abstraktesten Sein, welches soviel ist als das vollständigste Nichtsein, weil dieses wie alles übrige in jenem enthalten sein muß, ist gleichgültig, wie gut oder schlecht sich ein Mensch hier auf Erden aufgeführt, es weiß seine eigene Rechnung am Ende immer mit Null aufgehend: Das Gute vergleicht sich mit dem Bösen, denn das Sein steht über Gut und Böse, so wie jedenfalls ein Etwas über den Elementen stehen kann, aus denen es besteht. Dem Sein verschwimmen Gut und Böse wie den Göttern Heraklits, die aus endloser Entfernung, viel weiter noch als diejenigen des Epikur, dem kleinen irdischen Treiben zusehen.

Der Gott, wie wir ihn gewohnt sind, richtet die Menschen nicht nach Rang und Namen, den sie hier auf Erden erlangten, sondern einzig nach ihrem guten Willen, den sie bezeugt, unabhängig vom Erfolg, der ihnen beschieden war. Dieser Gott ist weniger abstrakt als jenes Sein, bei welchem der Name »Gott« schon fast eine unzulässige Konkretisierung bedeutete.

Doch neben der unbeweglichen Miene des Abstrakten, neben dem gestrengen unbestechlichen Blick des Moralischen muß Gott noch ein drittes Gesicht haben, eine Wesensart, aus der heraus er die Sinnenwelt erschuf, mit all ihren Unterschieden von groß und klein, schön und häßlich, bedeutend, unbedeutend, gut und böse. Mit diesem Wesenszug ergötzt er sich an der Leistung und am Glück und schmäht die Unbedeutendheit, wenn er sie in seinem Großmut vielleicht auch nicht eben verachtet. Man könnte dieses dritte Wesen das künstlerische Auge Gottes nennen, mit dem er den Anblick der Welt in all ihrer Vielfalt und mehr noch in all ihrem Glanze genießt. Drei Gesichter sind unserem Gotte: Mit einem liebt er die Weisheit, mit einem die Tugend, mit einem die Schönheit und den Ruhm. Doch werden wir kaum annehmen, daß Gott mit sich selbst im Hader liegt. Ihm wird nicht die eine Liebe den Unmut oder Haß der anderen entfachen, vielmehr wird eine der anderen dienen und sie fördern. Und wir mögen herausfinden, wie dies geschehen kann, da sie sich uns doch eifersüchtig zu bekriegen scheinen.

Eine Philosophie wäre zu wünschen oder eine Religion, welche diese drei Gestalten des Seins, diese drei Gesichter ein und desselben Gottes, in denen sich seine Liebschaften spiegeln, auch in ein und derselben Lehre zusammenfaßte. Das Christentum stützt sich auf die zweite, wo die Gerechtigkeit außer dieser Welt vollzogen wird und sich das Gute weder mit den Sinnen noch mit dem Verstande greifen läßt;

die Griechen neigen zur dritten und verherrlichen eine diesseitige Verwirklichung des Menschen – und der Ferne Osten neigt zur ersten, zum absoluten Einen als Weltengrund und letztes Ziel des Daseins. Die beiden jeweils übrigen werden zwar von keiner Lehre geleugnet, aber sie werden von ihnen doch recht stiefmütterlich behandelt. Vielleicht ist diese Einseitigkeit notwendig, um einer großen Lehre ein Gepräge zu schaffen, ohne welches sie vom Volke nicht erkannt, ja nicht einmal wirklich wahrgenommen würde.

8

Nach der beliebten Geschichte kam Alexander, dem bereits von allen großen Männern gehuldigt wurde, zu Diogenes von Sinope. Dieser allein hatte ihm keine Aufwartung gemacht und lag statt dessen gemächlich in der Sonne. Als Alexander ihn mit Namen begrüßte und fragte, ob er irgendeine Bitte habe, antwortete er: »Nur eine kleine: geh mir aus der Sonne!« Alexander, nicht zornig, sondern beeindruckt von der genügsamen Größe dieses selbsternannten Königs eines Landes, dessen Armeen er nicht zu fürchten hatte, sagte: »Nein wahrhaftig, wäre ich nicht Alexander, so wäre ich Diogenes.« Hier standen sich zwei entgegengesetzte Richtungen des Strebens nach Freiheit ganz ansehnlich gegenüber: der eine, der sich alle Güter der Welt anzueignen trachtet, um jegliche Abhängigkeit von ihnen zu überwinden, der andere, der dieselbe Freiheit anstrebt, indem er eben diese Güter verschmäht. Wenn wir diese Geschichte auf unsere Auseinandersetzung beziehen, in der die Liebe zum Konkreten sich der Liebe zum Allgemeinen entgegenstellt, dann können wir sagen, daß Alexander mit übermächtiger Begierde zum Konkreten strebte, Diogenes demselben mit übermäßiger Verachtung begegnete, beide jedoch ihr Extrem nicht auf niedrige Weise, sondern mit einem göttlichen Ton gewissermaßen verfolgten.

9

So soll nun gesagt sein, daß es unserer Natur sowenig als unserer kulturellen Mentalität zuwiderläuft, wenn wir die Welt samt ihrem Kern und Urgrund durch das Besondere, Gespaltene und an sich Widerstreitende auffassen, und daß diese Weise auch unserem Gott nicht mißfallen kann, da sie doch zu seinen eigenen Wesenszügen gehört. Wie weit im Anschauen der Welt mit abstraktem, sich von den Gegenständen lösendem Denken zu kommen ist, mag jetzt einmal dahingestellt sein; wir begnügen uns in der Gewißheit, daß alle erdenkliche Schönheit und Güte durch einen recht geworfenen Blick auf Natur und Mensch sich uns erschließt, daß aller Gegensatz uns Einheit, aller Streit und Widerspruch uns Harmonie zum höchsten Lohn bereithält. Soweit gekommen, werden wir nicht länger fordern, die Philosophen müßten, um ihren Titel mit Recht zu führen, alsbald sich alles Irdischen entkleiden, vorzüglich des Streitens und des Ehrgeizes, und wie ein leerer Raum im Unbestimmten sich von nichts berühren lassen. Die höchste Wahrheit befindet sich im Einzelnen wenigstens so wohl als im Allgemeinen.

Sendet eine Blume ihre Herrlichkeit auf den Strahlen des Lichtes in den weiten Raum und wird ein Teil von diesen von einer sammelnden Linse erfaßt, dann bildet sich dahinter auf einem angebrachten Schirm ein vielleicht blasseres, doch immer hinlängliches Abbild der originalen Blume. Nennen wir jetzt die Blume die reine Wahrheit und das Abbild die Natur, also die Gestalt, in der sich die Wahrheit uns mitzuteilen pflegt. Mit etwas göttlich beseelter Phantasie wird es uns nicht schwerfallen, das uns gegebene Abbild so viel zu erhöhen, daß es dem Original nicht weiter nachsteht, und wir dürfen mit unserer Erkenntnis des Höchsten wohl zufrieden sein. Auf der Ebene der Linse treffen wir nun das reine Abstraktum unseres Gegenstandes, der reinen Wahrheit. Jeden Punkt dieser sonderbaren Fläche durchdringt je ein Lichtstrahl, von jedem Punkte der Blume ausgegangen. Der Gegenstand repräsentiert sich demnach in seiner Gesamtheit an jedem Punkte dieser Fläche ganz vollständig und gibt doch nicht das geringste Bild von sich her. Alles ist hier überall und doch nirgendwo das geringste zu erblicken. Was wäre nun, wenn die Philosophen, in Erkenntnis, daß die Welt, wie wir sie unmittelbar durch die Sinne auffassen, nicht die vollkommenste Wahrheit sein soll, auf ihrem Weiterforschen bis an die Ebene der Linse vorgedrungen wären und dort, das will sagen bei Begriffen wie Sein, Absolutum, reiner Geist und was dergleichen mehr sind, in lauterer Faszination stehengeblieben und gerufen hätten: Θαλαττα, Θαλαττα; Endlich am Ziel! Endlich die Gespaltenheit, den Widerspruch des Weltlichen überwunden; auf dieser Ebene des Seins mag ich stehen, wo ich will, ich bin doch überall, weil alles stets bei mir ist; nichts miteinander im Streit, weil alles in sich vereint! Was, wenn in diesem Jubel keiner mehr versucht hätte weiterzusuchen, das Unanschauliche, ja Unansehnliche lieber akzeptiert, um bloß den vollkommenen, so lange ersehnten Frieden nicht wieder in Gefahr zu bringen. Wäre diesen Philosophen nicht das Herrlichste entgangen, welches, ein wenig verschleiert wohl, nahe vor ihren Füßen lag, sie jedoch, blind für das Nächste, in der Ferne suchten und dort alles im Nebel verloren – sich zum Troste dennoch fündig und zufrieden dünkend.

Diese Vergleichung soll weniger die abstrakte Philosophie herabsetzen, als unsere Position und die der Dichter und Künstler gegen jene verteidigen. Wie könnte auch mit Vernunft letztendlich festgelegt werden, welche Denk- und Vorstellungsweise vom obersten Gut die allein dem Menschen gemäße sei. Die Mehrzahl, und, wie ich meine, auch die Mehrzahl der Besten, neigt zwar zur konkreten, zur bildlichen Auffassung; aber warum sollte deswegen für andere, ebenso Hervorragende, nicht die abstrakte Weise die angenehmere und ihrem Wesen gemäßere sein.

Es handelt sich letztlich um eine Frage des Gemütes. Keiner wird die Stellung des anderen richtig einsehen, und niemand wird sie darum jemals ganz aufrichtig billigen können – doch sie widerlegen wird noch vielmals schwieriger sein.

10

»... Daher rühren auch die meisten Streitigkeiten, daß die Menschen ihren Geist nicht richtig ausdrücken oder den Geist des andern falsch deuten. Denn tatsächlich denken sie, während sie einander heftig widersprechen, entweder dasselbe oder etwas anderes, so daß die Irrtümer und das Widersinnige, das bei den anderen angenommen wird, gar nicht besteht.«

Sehr wahr spricht hier Spinoza, und wie oft habe ich mich geärgert, wenn der Freund pedantisch auf feinen Begriffsunterschieden pochte, wo ich längst einsah, daß wir beide dasselbe dachten, und wie oft wird ein anderer sich so über mich geärgert haben. Dennoch gilt, daß kein geistiges Fortkommen unter den Menschen möglich wäre, würden alle sich gleich beim ersten Satze zustimmen und voll Einverständnis einander in die Arme fallen, um in solch freundschaftlicher Umschlingung zu verharren. Auch der kleinliche Einwand nötigt uns, solange wir jedenfalls die Geduld zusammenhalten können, unseren Gedanken noch verständlicher darzulegen, noch genauer zu formulieren, noch mehrere Beispiele als Beleuchtungen aus anderen Perspektiven anzuführen und damit: – diesen Gedanken in uns selbst noch besser und tiefer zu bedenken. Der Widerspruch erregt den Geist und hält den Ehrgeizigen wach.

11

Warum sollte gerade in der Philosophie kein Wettkampf stattfinden, wo doch im Wettkampf die Menschen ihrer Natur gemäß zu den höchsten Leistungen angestachelt werden. Geht dann die Richtung wie hier zum Guten, so sind notwendig die höchsten Leistungen auch die besten. Was mehr ist zu erwarten. Soll man dafür nicht leicht und mit schelmisch blinzelndem Auge über die Reibungsverluste hinwegsehen, die bei solchen Ellbogengefechten entstehen?

Machtstreben, Ehrgeiz und Durchsetzungswille sind notwendig in der lehrenden und wirkenden Philosophie, und diese Philosophie wiederum ist allein fähig, in einem weiteren Kreise guten Einfluß zu üben und Fortschritt in der Kultur und den Seelen der Menschen zu bewirken. Die Wahrheit ist zwar allgemein, und es gibt nur eine. Wie sie jedoch von Menschen beschrieben wird, um sie anderen Menschen nahezubringen, darin blüht ein bunter Garten von tausend Formen und Farben. Insofern ist ein Wahrheitskundler ein Erfinder, ein Künstler, insofern er die beste Darstellung erfindet, welche zum einen dem Ideal, dem Urbild, zum andern dem menschlichen Geist, seinem

Fassungsvermögen und seiner Auffassungsweise am nächsten kommt. Auf diesem Campus finden die Machtkämpfe statt. Je edler wieder dieses Machtstreben, desto weniger fließen private, engherzige, egoistische Interessen mit ein. Ich will nicht davon ausgehen, daß sie jemals von einem Menschen, einem irdischen Wesen, völlig überwunden werden könnten – aber doch manchmal zu einem solchen Grad, daß man zu Recht von einem Heiligen oder einem Genie spricht. Denn beide haben, wenn auch auf verschiedene Weise, den engen Raum des Ichs überwunden.

12

Ein diplomatischer Sokrates würde so vielleicht auch nicht übel sich mit dem Rhetor Gorgias besprochen haben: Wahrlich, recht hast du, lieber Gorgias. An dem, der guten Sinnes ist, muß die Redekunst eine Zier sein. Sie ist das Werkzeug, durch das er seine guten Taten am wirkungsvollsten vollbringt. Was ein Arzt ohne Heilmittel und Messer, was ein Bauer ohne Sense. Ganz für sich allein geübt und betrieben, scheint sie mir allerdings noch etwas einsam zu sein, die Redekunst, wie auch der Arzt, der zwar Heilmittel, aber keine Kranken hat, sie zu heilen, oder der Bauer eine Sense, aber keinen Weizen zu schneiden. Wenn ein die Tonkünste Lehrender seine Schüler immerfort nur die unglaublichsten Verrenkungen und Streckungen der Finger in der Luft zu vollführen anhielte, um diese geschmeidig und biegsam für das Spiel an den Saiten zu machen, das Spiel selbst jedoch aufschöbe, müßten ihm nicht die Schüler unwillig werden und fortlaufen? Sie würden doch sagen: »Laß uns diese Übungen gleich an den Saiten besorgen, daß wir mit der Biegsamkeit zugleich auch das Musikalische fördern und so unser Ziel, das Musikmachen, früher erreichen.» Aber, mein Gorgias, gibt es nicht wirklich viele Tonkünstlermeister, die ihre Schüler, zwar nicht in der Luft, doch aber auf dem Instrument sture Fingerübungen bis zum Überdrusse auszuführen heißen, immer die Reihen der Töne herauf und herab, ganz ohne auf das Schöne zu achten; wo doch beim Einlernen einer schönen Musik die Finger ebenfalls geübt, zugleich aber rechte Töne erzeugt und das Musikalische des Schülers gefördert würden. So, Gorgias, mag ich lieber auch für mich die Redekunst üben, nicht an irgendwelchen beliebigen Dingen, nur zur Übung der Beweglichkeit des Geistes und der Zunge, sondern gleich an den Gegenständen, die sie später behandeln will, nämlich das Gerechte und das Gute, und auch da nicht bloß daherschwätzend und eine beliebige Partei vertretend, sondern von Anfang an auf das Gerechte und das Gute schauend, was es jedesmal sei, und so von der ersten Übungsstunde an eine anhörbare Musik erzeugend, nicht für die Ohren wohl, o Gorgias, aber für die Seele. Gorgias: Tüchtig hast du gesprochen, lieber Sokrates, und gar nicht so zankend und ohne Höflichkeit, wie sonst die Leute überall von dir berichten. Leider hast du die Wahrheit nicht ganz recht betrachtet, wie mich jedenfalls dünkt, und mehr von einem Traum erzählt, als von dem, was täglich uns umgibt. Denn, so denke, es ist doch ganz notwendig, daß die Übungen der Schüler nicht dort stattfinden, wo nachher die jedesmalige Kunst gebraucht wird und zum Einsatz kommt. Wenn etwa die Baumeister eine Brücke bauen, wäre es da recht, den Plan dazu von einem ganz jungen und unerfahrenen Schüler erstellen und die Ausführung des Bauwerkes von einem ebensolchen überwachen zu lassen. Oder ein Arzt, der eine schwierige Wundheilung seinem neuesten Gehilfen anvertraute. Sicherlich wäre den Lernenden überall vortrefflich geholfen, und schöne Erfahrungen könnten sie sammeln, aber die

Betroffenen vielleicht üble, und wenig glücklich wären sie wohl über deine wunderliche Pädagogik, o Sokrates. Außerdem bedenke, daß viele Schüler, etwa der Heilkunde, wenn sie sich zusammenfinden und den Hippokrates bitten, sie seine Kunst zu lehren und ihnen seine Erfahrungen mitzuteilen, viel tüchtigere Ärzte werden, als wenn sie überall verstreut bei den Kranken von schlechten und selbst unwissenden Ärzten eine ebensolche Kunst erlernen. Was nützt dann, diese gleich an den Kranken anzuwenden, wo sie doch nicht davon gesund werden. Ich sage dir, mein Sokrates, üben und lernen ist ein Teil vom Gutwerden, und der andere Teil ist, das Geübte tüchtig zeigen. Aber beides zu gleicher Zeit und am gleichen Ort ist nicht möglich. Und daher ist auch für die Redekunst besser, wenn sich die Knaben zuerst bei einem tüchtigen Meister nach allen Regeln darin unterweisen lassen und nur erst lernen, wie mit dieser herrlichen Kunst alles nach dem eigenen Willen bei den übrigen erreicht werden kann; ob sie ihr Können dann einsetzen, um schöne Dinge zu bewirken oder häßliche, das, mein Lieber, bleibt jedem selbst überlassen, wie eines jeden Seele eben beschaffen ist und ihn seine Bestimmung leitet. Der Lehrer aber hat darauf gar keinen Einfluß; und wenn, so doch keinen bestimmten: Will er auf einen recht trotzigen Knaben einreden, er solle nur auf das Gute und Schöne seine jungen Kräfte richten, wird dieser mit Sicherheit das Gegenteil tun; und wenn er ihm gleich das Böse rät, in der Hoffnung, er werde dann aus Trotz das Gute tun, läßt der Junge in lauter Bosheit seinen Trotz noch fahren und gehorcht. So ist nämlich die Redekunst eine eigene, ganz und gar selbständige Kunst und eine lehrbare; die Kunst, das Gute zu treffen, aber eine andere, eben nicht lehrbare, wie ich meine, und vielleicht auch gar keine, sondern nur eine Sache des Glücks. Du aber wirst jetzt mit bissigen Reden wieder kommen und mich umzuwerfen suchen, wie die Leute auch überall schon gewarnt haben vor dir. Aber ich werde doch stehen bleiben, lieber Sokrates, wie ein tapferer Faustkämpfer, soviel du dich auch mühst. Sokrates: Nein, beim Zeus, ganz und gar verkennst du mich jetzt, mein bester Gorgias. Ich bin jetzt nicht mehr so jung und stachelig und immer nur rechthaben und siegen wollend. Dafür ruhiger und weiser bin ich geworden und wollte mit meiner Rede keineswegs dich tadeln oder gar belehren, was du besser machen solltest. Jeder weiß doch schließlich für sich selbst das Beste, und nicht schön ist es von andern, immerfort ihm dreinzureden. Auch werde ich, ganz nach meiner früheren Gewohnheit, keine polemische Schrift verfassen, um wieviel klüger und weiser ich mich halte als den berühmten Gorgias, den Meister aller Rhetoren. Sei getrost, Liebster, ich sage das alles nur so vor mich hin und zur Unterhaltung mit dir, auf daß wir gute Freunde bleiben. Du bist, wie ich längst eingesehen habe, ein vernünftiger Mann, und warum sollte dann meine Rede besser sein als die deine, die doch für sich gut genug ist, als daß sie einer Änderung bedürfte.

Wie wir wissen, redet der widerspenstige Sokrates in Wahrheit ganz anders und führt seinen Mitredenden so lange aufs glatte Eis, bis er die Stellung vollkommen eingenommen und die Schlacht in seinem Sinne entschieden hat – sei es auch manchmal nur, weil der Gegner ermattet zu Boden sinkt, nicht überredet zwar, aber geschwächt und keines Widerstandes mehr fähig.

Solche Ringerkunst wird von nicht wenigen als Sturheit, Eitelkeit, Selbstsucht bezeichnet, und zwar von denen am meisten, welche jeder Liebe zum Großen und Bedeutenden ermangeln. Dieses kann nämlich nur erreicht werden, wo Menschen dafür kämpfen und der Bessere – nicht der Rohere und Gemeinere, wie vorübergehend oft der Fall –

den Schlechteren bezwingt. Zunächst waren Gorgias und Kallikles und Thrasymachos glücklicher als Sokrates, der es scheinbar nicht viel weiter als zum Schierling brachte. Aus weiter blickender Sicht freilich sind diese zu Nichts geworden, und jenen hat sein giftiger Becher noch erhöht.

Aber was hat denn dieser Sokrates Großes vollbracht, das ihn wert macht, über den anderen zu stehen? Hat er die Menschen vielleicht gebessert oder gar die Welt? In der Tat wäre nicht leicht glaubhaft zu machen, die Welt habe durch ihn, durch Platon und durch die anderen kräftigsten Lehrer der Moral einen Schritt in diesem Fache nach vorne und zum Guten getan. Man sieht die Menschen heute noch reichlich schlecht und mag nicht glauben, sie seien früher noch schlechter gewesen. Nur wollen wir uns lieber nicht ausmalen, wo sie hingekommen wären ohne diese sorgenden und leitenden Hirten. Die einzelnen, die sich ihnen anschlossen und ihre Lehren gewissenhaft aufnahmen, wurden dadurch sicherlich gebessert. Sie sind in ihrer durchaus freiwilligen und selbstverfolgten Besserung schneller und geradliniger vorangekommen, als sie dies aus eigener Kraft und Fertigkeit vermocht. Sowenig ein großes musikalisches Talent jemals im Geigenspiel oder gar in der Komposition eine Frucht erbrächte, würde dieser Boden nicht mit auserwählten und zu hoher Kultur gezüchteten Keimen bestückt, sowenig könnte aus der besten Anlage des Charakters ein guter Mensch werden ohne die Vorbilder der Eltern, der Nachbarn, der Figuren in Märchen und Theater, Lehren der Philosophie, der Geschichten unserer Religion, kurz aller Sittlichkeit der Welt. Wohl mag einer ein guter Mensch sein können und dabei unfähig, die Ordnung der Sittengesetze und ihren metaphysischen Ursprung mit ebensoviel Akribie und Eindringlichkeit auszuführen wie Kant. Aber irgendwoher hat er seine Vorbilder und sein mehr oder weniger bewußtes Wissen um das Gute genommen. Dort jedoch war es im allgemeinen deutlicher und präziser dargestellt, als er es zunächst aufzufassen vermochte – wie dies gewöhnlich zwischen Lehrern und Schülern zu sein pflegt. Dieser Lehrer nun, mag er Vater, Pfarrer, Freund, Staatsmann, Dichter, Philosoph gewesen sein, war seinerseits wieder Schüler bei einem Lehrer, der noch klarer und ursprünglicher diese Dinge begreifbar hatte ausführen und als etwas Erstrebenswertes darstellen können, usw. Zusammen ergibt das eine seltsame Pyramide, deren oberster Stein an den Himmel gehängt ist, deren unterster vielleicht den obersten nicht kennt, aber doch, über Zwischenglieder, mit seinem ganzen Wohle an ihm hängt.

Wäre freilich der einzige Maßstab, die Größe und den Wert eines Philosophen zu prüfen, ob die gesamte Menschheit durch ihn merklich besser geworden, so ließe man am besten alle Philosophie und Morallehre, ja alle Erziehung überhaupt sein, dazu die Religionen, und reduzierte sich auf den moralischen Bewußtseinsstand des Viehs, welches in dieser Hinsicht ganz gewiß nicht schlimmer haust als der Mensch, so man ihn in seiner gesamten Gattung betrachtet. Würde durch die philosophische Erziehung die ganze Menschheit gebessert, so hätte sie noch niemals schlecht sein dürfen. Denn Philosophen und moralische Lehren gab es zu jeder Zeit in ausreichendem Maße – vielleicht nicht immer in gleicher Qualität. Wären alle Menschen für solche Begriffe empfänglich, müßte das Böse ein elendes und kümmerliches Dasein führen.

Was uns vom Vieh unterscheidet und abhebt, ist, daß wir uns moralischer Gegenstände, wenn nicht überhaupt erst, so jedenfalls um vieles deutlicher bewußt werden, darüber denken und grübeln, reden und streiten. Hierzu wiederum sind Begriffe nötig, welche untereinander zusammenhängen und das ganze weite Feld des Lebens umfassen. Solche Begriffe zu bilden und in einem Zusammenhange darzustellen, daß sie sich nicht gegenseitig aufheben und widersprechen, vielmehr die gedankliche Grundlage eines großen harmonischen Sittenbildes abgeben, dazu bedarf es der besten unter den denkenden, empfindenden und erfindenden Männern. Eine Zeit, der solche Männer fehlen, wird als dunkle Epoche empfunden, eine Schande mehr als ein Stolz unseres Geschlechts.

13

Wettkampf und Machtstreben haben in der Philosophie eine ähnliche Ausprägung und auch Berechtigung wie im politischen und alltäglichen Leben. Dort will jeder so weit fortkommen, als ihm möglich ist, also auch den andern überflügeln und drücken, um das eigene Ich, die eigene Familie, die eigenen Vorstellungen und Pläne betreffs des Staates zu erhöhen und zu stärken. Dennoch wird dabei die Leistung des anderen erkannt und geachtet und als Vorbild und Lehre angenommen. Die Durchschlagskraft des anderen wird solange als möglich bekämpft, aber, ist sie einmal offenbar, anerkannt. Dieser Ehrgeiz ist Grundlage aller irdischen Entwicklung und allen Fortschritts, zum Guten und zum Bösen. Ohne ihn wäre die Welt aus ihrem Urschlaf nimmer erwacht. Was sollte jedoch die Philosophie als geistigste aller Bestrebungen mit diesem irdischsten aller Prinzipien gemein haben? Müssen hier nicht Ehrgeiz, Wettbewerb und Machtstreben hintanstehen dem reinen, lauteren Verlangen nach Wahrheit? Warum streiten sich zwei Philosophierende um einen Gegenstand, einen Begriff, oft scheinbar nur um eine Formulierung desselben Gedankens, wo doch jeder vom andern weiß, ja voraussetzt, daß es ihm ernstlich um die eine einzige Wahrheit zu tun ist. Müßte nicht Sokrates zu Gorgias sagen: »Lieber

Gorgias, du hast in deinem Sinne nicht unrecht, und faßt man deine Worte mit gutem Willen als wohlgemeinte auf, kann man nicht widersprechen oder sie gar widerlegen, höchstens die eigenen Worte ergänzend danebenstellen. Aus der einen, alles umfassenden Wahrheit, die uns alle verbindet, nach der wir alle streben, hast du deinen Teil redlich gezogen, ich den meinen, wie sollten wir da uns streiten, wo es nicht um Konkurrenz, vielmehr um Substanz zu tun ist.«

Auf diese Weise müßte nun nicht nur der Sokrates den Gorgias, sondern wir alle uns alle gelten lassen. Denn wie Aristoteles sagt, fällt es nicht leicht, eine falsche Tür zu öffnen. Überall findet man in diesem weiten Leben eine Wahrheit. Ließe nun aber jeder jeden gelten, ohne Widerspruch, ohne Kampf um den besseren Begriff, ohne Ringen um die dichtere Konsistenz der gedanklichen Zusammenhänge, so würde alles neben allem gelten und keine Philosophie sich durchsetzen, schließlich den anderen als Lehrmeisterin zu dienen. Jeder Gedanke bliebe stecken in seiner Individualität, die wenig sagenden wie die weisen, weil doch keiner ganz falsch ist. Hätte Sokrates nie versucht, besser zu denken als die anderen und diesen Vorsprung auch zu beweisen und durchzusetzen, er hätte wohl nie den Grad seiner Vollkommenheit erlangt, und wenn doch, ihn für sich behalten müssen, keinem zur Lehre, niemandem zum Vorbild.

Man könte sagen, die Philosophie brauche keinen Fortschritt, keinen Zuwachs, sie finde sich seit ewigen Zeiten auf ihrem hohen, nicht überbietbaren Stande. Wieso müßten also die Philosophen streiten, welchem nun die höhere Wahrheit und Erkenntnis zukomme? – Dies ist eben dadurch nötig, daß der Mensch immer von neuem zum höchstmöglichen Grad der Erkenntnis streben muß und ihm nutzlos ist, daß ein Sokrates bereits auf einer Stufe stand, die er kaum übersteigen, ja nicht einmal erreichen wird. Jeden Tag ist der Mensch gefordert zum philosophischen Wettkampf, zur Mobilisierung der maximalen eigenen Erkenntniskräfte und auch zur Anerkennung des Besseren und zur Bereitwilligkeit, von diesem zu lernen. Viele Streitgespräche und Wortschlachten müssen hierzu ausgetragen werden, die meisten davon enden im Stellungskrieg, in unverrückbaren festgesessenen Fronten. Dennoch sind all diese nutzlos erscheinenden Papier- und Wortschlachten nötig zur Ertüchtigung und Kräftigung ihrer Mitstreiter und vor allem zur Aufrechterhaltung des Ehrgeizes, diesen letzten aller Preise zu erringen. Einer wird sagen:»Wie kann das allgemeinste, das gemeinsamste aller Güter ein Punkt des egoistischen Streits und Ehrgeizes sein, wie können wir – das Ziel allen Zwiegesprächs – die Brücke zum anderen schlagen, welche doch selbst aus dem Stoff dieses gemeinsamsten Gutes gemacht ist, uns dabei aber der eigennützigsten Baumethoden bedienen? Kann bei solchem Vorgehen nicht jeder nur ein Eigentum für sein kleines privates Gärtchen erlangen, wie soll auf diese Weise jemals das Allgemeine zustande kommen, und kann das von Natur Gemeinsame überhaupt in das Gärtchen des Individuellen gelangen, oder muß nicht dieses vielmehr sich aufgeben, um in das Allgemeine einzugehen!« Auch solcher Zweifel und Widerspruch gibt mir recht, denn er ist selbst ein erster Akt des Kampfes und Wettstreits. Wer den Streit einer philosophischen Haltung für unwürdig befindet, hat sich entweder eines solch unwürdigen Einsprechens zu begeben oder eben seiner allein würdig gewähnten Haltung – bekennend also, kein ernsthafter Philosoph zu sein. Mit dem letzteren wohl der Wahrheit am nächsten.

Ich habe gehört von einem endlosen Meer, dessen Weiten kein Mensch jemals befahren konnte, dessen Küste nie ermessen wurde. An dieser Küste reihen sich die Häuschen und Gärtchen der Menschen, deren Tagewerk im Fangen von Fischen aus diesem endlosen Wasser besteht. Den einen genügt dabei, entlang des weiten Strandes hin und wieder einen leblosen angeschwemmten Fisch aufzulesen. Sie sind zufrieden, solange ihre Beute noch eine weitläufige Ähnlichkeit mit einem Fische aufzuweisen hat, mag auch der Körper zu einem großen Teil schon in Verwesung übergegangen sein. Sie tragen die Beute in ihre Wohnung, beruhigt, etwas zu haben, das sie für einen Fisch ausgeben können, und kümmern sich nicht weiter.

Andere werfen Angeln aus. Sie fangen sehr schöne Fische, und jeder hat den Ehrgeiz, seinen Haken noch weiter zu schleudern, und jeder ist ehrgeizig, den Fang seiner Nachbarn zu überbieten. Allen ereignet sich jedoch dasselbe: Entweder der schwere, vielversprechende Zug der Angel löst sich, noch bevor ein Fang über die Oberfläche des Wassers gezogen wird, oder der Fisch wird hochgezogen, reißt sich aber los, bevor ihn die Angel bis zum Lande bringt. Oder aber der Fisch wird mit gutem Glück in Sicherheit gebracht, verliert dann aber sehr schnell durch Verwesung seine ursprüngliche Kraft und Schönheit. Alle Versuche und Künste, die einmal gefangenen Fische frisch und schön zu erhalten, sind vergebens. Darum mühen sich die Fischer ständig, neuen Fang zu machen, und freuen sich an dem kurzen, aber herrlichen Augenblick, den ihnen ein solches Geschöpf beim Auftauchen aus dem dunklen Meeresgrunde bereitet.

Nun geht in diesem Volk die Sage, weit, weit draußen, wohin kein Angelhaken je von einem Menschen zu werfen möglich war, tummle sich ein herrlichster Fisch, der alle Schönheiten bisher erblickter in sich vereinige und noch tausendmal schöner sei. Von keinem konnte er bislang gefangen werden, und die mutigsten Fischer, die sich mit Booten weit hinauswagten, erzählen, sie hätten ihn nach langer Suche ganz nah an ihrem Boot vorüberschwimmen sehen, bisweilen sogar aus dem Wasser springend und sich in seiner ganzen Herrlichkeit offenbarend, im übrigen sich aber um ihren Haken in keiner Weise kümmernd. Diese wenigen Augenblicke der unendlich herrlichen Erscheinung wären Grund genug für sie, immer wieder aufs neue die Gefahren aufzunehmen und mit den kleinen Booten die endlose Weite des Meeres zu durchforschen.

Der geneigte Leser wird dieses kleine Gleichnis sich leicht deuten und die verschiedenen Erscheinungsformen des Fisches als die Stufen erkennen, auf welchen uns das Göttliche zu begegnen pflegt – schöner und herrlicher, je mehr innere Sehnsucht einer danach im Busen trägt, je rücksichtsloser und draufgängerischer er ihm nachspürt. Der trockene Philister, der sich selbst vor nassen Füßen scheut, muß mit einem Kadaver, dem schäbigsten Abbilde, vorlieb nehmen.

14

Machtstreben ist überall erfreulich, wo mit der Macht die Verwirklichung des Guten beabsichtigt wird; denn der mächtige Gute ist, wenn nicht besser, so doch größer als der Machtlose. Sein gutes Beispiel leuchtet weithin und regt die Herzen vieler zum Nacheifern an, während das gute Flämmchen des unbedeutenden Mannes in aller Stille und ohne Wirkung verglimmt. Dem entgegen gilt natürlich, was Sokrates sagt: »Unter den Mächtigen, o Kallikles, finden sich die Menschen, welche ausgezeichnet böse werden. Denn schwer ist es und vielen Lobes wert, bei großer Gewalt zum Unrecht tun, dennoch gerecht zu leben; und es gibt nur wenige solche. ... Die meisten aber unter den Mächtigen werden böse.«

15

Wenn zuweilen nach einer Zeit des Glanzes, des Reichtums, der Muße und verbunden damit leider auch der Maßlosigkeit und des Lasters eine Zeit des Fastens heilsam wird, in jedem Menschenleben wie auch in der Geschichte, so etwa das karge Mittelalter auf die strahlende Antike, so bräuchte in diesem reinigenden Fasten die Askese, die Übung, nicht völlig der Abstinenz, der Enthaltung, geopfert zu werden.

Eine strengere und besser organisierte Übung hat denselben und obendrein hoffnungsvolleren Effekt der Reinigung, gegenüber bloßer Hungerkur und geistiger Beschränkung in Meditation. Durch hartes körperliches Training nützlicher Disziplinen wie Wehrhaftigkeit oder der handwerklichen Fertigkeit, durch alle denkbare sinnvolle Arbeit, durch strenge Gedächtnisförderung im Auswendiglernen der Dichter und schließlich durch alle guten Dienste, die wir der Gemeinschaft und den Nächsten erweisen, lassen sich angesammelte Verunreinigungen wenigstens so gut und gründlich aus Körper und Seele scheiden als mit einem Leben auf Sparflamme. Aber dem Menschen fällt es schwer, zu entsagen und gleichzeitig mit großem Ehrgeiz sich in Tätigkeit zu üben und zu vervollkommnen. Große Schritte vermag er nur in einer Richtung zu tun. Mit hohem Streben große Werke schaffen und dabei maßvolles, sittsames Leben führen, ist jedem einzelnen schwer und einem ganzen Volke unerreichbar. Daher werden im praktischen Leben diese Zustände meist in Sequenz durchlaufen: Überschäumende Produktivität im Wechsel mit zurückgezogener Selbstbeschränkung und Besinnung. Jene befördert die Vergöttlichung des Menschen, diese seine Bescheidenheit vor dem Höchsten, und man kann sich den guten Menschen kaum denken, dem eine dieser beiden Tugenden gänzlich mangelte.

16

Man sagt gemeinhin, Gerechtsein und Gutsein sei ein menschliches Grundvermögen und ganz unabhängig vom Stande, von geistiger Bildung und Reife des Charakters. Allein der gute Wille und die Unbestechlichkeit des Herzens brächten hier den Ausschlag. Von dieser Auffassung die Gegenseite sich auszumalen, fällt jedoch auch nicht schwer: Sicher, der gute Wille ist notwendige, unumgängliche und wichtigste Voraussetzung dieser Tugenden. Doch denke man sich einen Rechtsstreit, vielleicht von dem man selbst betroffen, und überlege, von wem man ihn eher entschieden haben wollte: Da sei ein einfacher, ungebildeter Landmann, rechtschaffen, einfältig im guten Sinne des Wortes, aber von nichts auf der Welt als seinen eigenen Angelegenheiten unterrichtet. Dann einen ebenso rechtschaffenen Mann von höchster Bildung, natürliche Unbestechlichkeit durch materielle Unabhängigkeit gestützt, mit der Welt und ihren Verhältnissen wohl bekannt, in Sitten, Rechtslehre und den philosophischen Grundlagen dieser Dinge gründlich bewandert. – Selbst einem jugendlich aufgeregten Eiferer im Naturrecht dürfte schwerfallen, sich hier ganz der Natur zu überlassen und gleichgültig über die Wahl seines Advokaten zu bleiben oder gar aus Liebe zum Einfacheren und Schwächeren gleich den guten Landmann zu wählen. Ein falsches Urteil kann zwar beiden ohne böse Absicht unterlaufen, aber der irdischen Gerechtigkeit, welche sich auf Kenntnisse, scharfen Sinn und Fähigkeiten stützt, auf dem Fundament freilich eines guten Herzens, will doch keiner ganz entsagen. Je größer die

Macht, desto größer und schwieriger die zu entscheidenden Fragen, desto folgenschwerer auch eine mißglückte Entscheidung, um so weniger wird einer auf den Gedanken verfallen, einen noch so redlichen Tölpel in die hohe Position zu setzen, sofern er nicht selbst einer ist.

17

Aristipp, gefragt, inwiefern sein Sohn nun besser wäre durch die Erziehung, antwortete: »Wenn nur dadurch, daß er im Theater nicht sitzen wird wie ein Stein auf einem Stein.«

18

Als die Conquistadores bei den Wilden eingefallen, hätte die philosophisch und religiös höchst gebildete Kultur in beschämender Weise sich moralisch tief unter diesen Naturmenschen stehend erwiesen.

Soll das aber ein Hinweis sein, die wahre Moral stecke ursprünglich in der Natur und könne durch Bildung nur verbildet, verkrüppelt und endlich erstickt werden? Besser wäre hier, zu bedenken, daß die Eroberer zwar aus einer Welt kamen, in der sie eine um vieles höhere geistige Kultur umgab, dies aber nicht bedeutet, sie hätten sich diese auch zu Herzen genommen, um sich moralisch an ihr heranzubilden. Während die Wilden vielleicht in strengster Zucht gottesfürchtig ihren einfachen Lehren und Geboten folgten, teils durch den Zwang der Sippe bedingt, teils aus eigener Einsicht und Herzensgüte, saßen sie in der Kirche bei der Messe und dachten bei den Worten ihres Hirten: »Was mein ist, soll auch dein sein«, dieser Satz müsse sich in der Neuen Welt doch vorzüglich umkehren lassen, so daß ihn die Eingeborenen wieder richtig herum hätten. Zum Dank sollte man sie dann lehren: »... wer dir das Deine wegnimmt, von dem fordere es nicht zurück ...«

Da wäre denn die moralische Bildung der Primitiven um vieles höher gewesen als die der Kultivierten, die gar keine besaßen. Ein williger Schüler kommt eben in der Dorfschule weiter als ein Grobian in Platons Akademie.

19

Was, wenn der gute Wille nicht allein Naturgabe, nicht allein aus der Person entspränge, sondern durch moralische Erziehung gehoben, vielleicht allererst aufgeweckt würde? Wäre dann nicht die letzte sichere Gleichheit unter den Menschen aufgehoben, diejenige, daß jedem von Natur gegeben ist, sich nach seiner Möglichkeit zu bewähren? Der Unerzogene könnte dann niemals einen guten Willen äußern, niemals ein Gewissen in sich bilden, der mäßig Erzogene nur in geringem Grade. Gott zum Dank sind wir damit in einen Circulum infinitum geraten, weil jeder Schritt, durch welchen der Mensch weiter an die Natur, an seine äußeren Lebensumstände und seine Erziehung gebunden und seiner moralischen Freiheit entbunden werden soll, wieder zum Ausgangspunkt zurückführt, der da heißt: Unter allen noch so ungünstigen Umständen bleibt jedem, sich nach seiner Möglichkeit zu bewähren. Handelt es sich hier nur um eine kleine, engbegrenzte Freiheit, so wird man das daraus Entstandene um soviel stärker gewichten, wodurch es eben die gewohnte Schwere zurückerhält. Dem gänzlich Ungebildeten wird zwar nicht mehr Raum zur Bewährung übrig sein als dem Tier, doch eben auch nicht weniger, und so wieder hinauf zur besten Kultivierung, wo einem Auserwählten das Tor zum Heiligen offensteht. Dabei müssen die ungleichen Voraussetzungen zum Gutwerden des einzelnen so groß gar nicht geraten. Man denke, daß im Moralischen wir alle eine mehr oder weniger umfassende Ausbildung durch Elternhaus, Staat und jegliche Gemeinschaft mit anderen Menschen erhalten. Dieser Unterricht ist nicht leicht zu schwänzen. Den gänzlich Ungebildeten gibt es nicht im Fache der Moral, und von jedem mag daher vorausgesetzt sein, daß ihm jederzeit offensteht, einen guten Willen zu beweisen.

20

Ein hauptsächlicher Widerspruch in der stoischen Lehre, wie sie bei Cicero dargestellt, ist dieser: Wenn zwischen Schmerz und Wohlbefinden, zwischen Sterben und Weiterleben kein Unterschied ist, weil das glückliche Leben allein durch tugendhaftes Handeln erreicht wird, so muß man sich fragen, wie sich diese Tugend denn äußern soll. Sie soll doch hauptsächlich in selbstloser und gerechter Handlung bestehen, darin, dem Staate, der Menschheit Gutes zu tun. Was ist dann aber Gutes? Nicht etwa Befreiung von Schmerz, Hunger, Folterqualen, Rettung vor dem Tode; denn diese Dinge sind nach der stoischen Lehre von keiner Bedeutung, da sie nicht zur Tugend gerechnet werden, durch deren Ausübung allein dem Menschen ein Vorteil entstehen soll. Überhaupt vermag einem durch andere gar kein Glück zu entstehen, nur durch eigene Übung der Tugend. Worin könnte diese bestehen? Vielleicht in der moralischen Bekehrung, da diese dem Bekehrten doch immerhin zur Tugendhaftigkeit verhilft, und damit zum Glücklichsein. Diese Tugendhaftigkeit könnte sich allerdings wiederum nur in Bekehrung wieder anderer äußern, usf. Alles Gutsein auf der Welt wäre somit nur eine einzige gegenseitige Bekehrung und allem wirklichen Handeln jeglicher moralische Grund entzogen.

In ähnlicher Schwierigkeit befinden sich die Religionen, wenn sie das wahre und vollkommene Glück des Menschen ganz ins Jenseits, in den Himmel setzen und das Leiden als eine reinigende, dem Seelenheil förderliche Kraft ansehen. Denn wozu sollte einer den Tod des Freundes betrauern, wozu ihn nicht gar wünschen, wenn dieser doch soeben den einzigen Schritt zum wahren Glück getan hat. Schlimmer noch, warum soll er seinem Nächsten nicht Leid zufügen oder ihn des Lebens berauben, freilich nicht aus egoistischem Antriebe, sondern nur auf dessen Besserung und letztliches Glück bedacht.

Schließlich sind wir alle in einer solchen Schwierigkeit, die wir glauben, das Böse und alles Ungemach dieses Lebens sei ein notwendiger Gegenpart des Guten, so wie kein Licht ohne Finsternis, kein Sein ohne Nichtsein zu denken ist, und das Böse rufe gleichermaßen das Gute hervor, wie das Gute seinerseits Böses stifte, obschon beides ganz ungewollt geschehe. Das könnte nun den Spitzfindigen anregen, völlig willkürlich Gutes und Böses zu tun, mit der Rechtfertigung, das eine habe ohnehin immer das andere zur Folge, und so sei in jedem Falle beides getan, gleichgültig mit welchem man beginne, mit welchem Glied der Kette man die Reaktion initiiere.

Nach Betrachtung dieser widerläufigen Gedanken dürfen wir froh sein, über der Logik noch ein höheres Urteilsvermögen in uns zu finden. Mit ihr allein nämlich müßten wir aller solcher Skepsis nachgeben, und die Welt stünde bald auf dem Kopf. Über der Logik steht immer der Menschenverstand und über dem Beweis das Gewissen und der gute Wille.

Ein guter Mensch in seinem dunklen Drange
Ist sich des rechten Weges wohl bewußt

und wird, unabhängig von den sekundären und tertiären Folgen und Nebenwirkungen das tun, was seinem Herzen als Bestes erscheint.

21

Der Mensch erhielt von Gott einen Auftrag, der da lautet: Du sollst dich nach deiner Möglichkeit bewähren!

Dies bedeutet, daß vor Gottes Richterstuhl der wilde Eingeborene Afrikas dieselbe Gnade findet wie der Bauer auf dem Felde, wie der Baumeister, wie der Staatsmann, wie der Lehrmeister, der Dichter, der Philosoph und der Priester – so sie alle ihre Aufgabe erfüllt und nach Maßgabe ihrer Fähigkeiten und Umstände das Mögliche geleistet. Selbst ein Kretin, dem nichts von menschlichem Bewußtsein anzumerken ist, selbst ein Tier, eine Blume, der tote Stein selbst darf hier nichts nachstehen, denn sie alle sind Gottes Geschöpfe und nicht selbst verantwortlich, wenn ihre Möglichkeit zur Bewährung in einen engeren Rahmen gesetzt ist.

Es sollten dabei verschiedene Dinge nicht so gering geschätzt werden, wie dies gewöhnlich bei strengen Moralisten geschieht: Wenn einer hauptsächlich für sich selbst sorgt, sich bildet, sich schön macht, seinen Körper ertüchtigt, ein schönes Haus sich baut, so sind dies einerseits zwar egoistische Handlungen und wenig aufs Allgemeine gerichtet, aber immerhin, wenn dies jeder täte, stünde die Menschheit in mancher Hinsicht edler in der Welt und könnte sich besser sehen lassen. Wer für seine Familie sorgt, ihr Wohlstand bringt und erhält, die Kinder mit sicherer Hand fürsorglich ins Leben geleitet, begeht wohl nicht die Tat wie einer, der dasselbe mit einem ganzen Volke zu tun vermag. Dennoch, wenn jeder so im kleinen handelte, wo alles noch egoistisch anweht, wäre das Ganze auch vollbracht. Und vollends, wenn diesem kleinen Staatsmann gelegentlich ins Bewußtsein käme, daß er mit seinem eigenen auch das allgemeine Wohl beförderte, und ihm dieses gar noch ein wenig zum Motiv seiner Bemühungen würde – wie übrigens nicht selten der Fall –, so bliebe nichts mehr zu wünschen. Sowohl die gute Sache wie auch die hohe Gesinnung würde mit kleinen Schritten, aber stetig verfolgt. Ganz so weit ist die Menschheit allerdings noch nicht gedrungen und wird daher wohl noch einige Zeit ihrer Führer bedürfen.

Die kleinen Taten sind also nicht immer zu verachten und werden ihren Lohn erhalten. Hingegen einer, der Talent und die Gelegenheit bekommt, ein Volk zur Größe zu führen, sich aber nur dem bescheidenen Kreise seiner Familie widmet, mag darin so weit gedeihen, wie er will – ich halte dafür, er wird im Himmel nicht hoch steigen, denn er hat seinen Auftrag versäumt. Ebenso, wenn einer mit wenig Talent, etwa zum Malen, um jeden Preis ein Maler wird, ein schlechter, er dürfte dafür wenig echten Lohn erhoffen.

Wer in seiner ihm zugedachten Tugend nachläßt, verliert die Gnade und wird unglücklich. Während des irdischen Daseins sind die höheren Wesen dazu mehr imstande und zu größerem Unglück fähig, allerdings auch besser begabt, Gott bereits in diesem zeitlichen Abschnitt zu erkennen und das umfassendste irdische Glück zu genießen. Wer also Künstlertalent besitzt, mit der Kunst aber Schindluder treibt, ihren hohen Stand, den ihm die Väter übergaben, nicht würdig aufnimmt, um ihn mit Gewissenhaftigkeit und Eifer fortzuführen, wird seines Lebens und seines Todes nicht wahrhaftig froh werden. Ebenso, wer die

Frömmigkeit nicht pflegt, sofern er einen Keim zu dieser in sich trägt, und ebenso, wer nicht Philosophie betreibt und ihre Lehren durstig aufnimmt, so er dazu berufen ist.

Zur Gerechtigkeit aber ist jedes Wesen berufen, denn sie verlangt nichts anderes, als eben dies oberste Gebot Gottes zu befolgen: nach seiner Möglichkeit das zusammenfügen, was zusammengehört, und das trennen, was sich auf unrechte Weise verbunden hat. Suum quique, für jeden das ihm Zukommende erstreben.

Auf der Kehrseite nun die menschliche, die irdische Art der Wertschätzung. Kein edel empfindender Mensch leugnet seine Ehrfurcht und Bewunderung, welche ihm ein bedeutender Mann seines Geschlechtes einflößt, mehr als ein geringer je vermöchte, obschon dieser sich, an seinen Verhältnissen gemessen, vielleicht nicht weniger bewährt. Dennoch ist ihm der große Mensch eine Sonne im Auge zur Ergötzung und ein Leitstern zur Nachahmung, alle Natur überflügelnd, ein wahrer und unmittelbarer Abglanz des Göttlichen oder von Gott als Bote gesandt und noch ganz in die wunderbaren Sphären getaucht, von denen er aufbrach. Ungleiche und wenig gerechte Neigungen des Menschen könnte man dies nennen, und doch sind auch sie vom Willen Gottes abgeleitet. Alexander hat nicht unrecht, zu sagen, es sei der Gott gemeinschaftlicher Vater aller Menschen, doch mache er die besten unter ihnen zu seinen Lieblingskindern. Nicht anders ergeht es uns mit der Liebe zur Natur: Wer würde nicht den klaren, schimmernden Sonnenaufgang eines mächtigen Bergtales dem trüben Freitagnachmittag bei Nieselwetter vorziehen? Wer nicht den majestätischen Adler einer Ratte, wer nicht den roten Fingerhut der Brennessel Urtica urens – obschon beide unbequem –, wer nicht das blanke Gold dem stumpfen Pech?

Diese beiden Wege der Wertschätzung scheinen nicht recht zusammenkommen zu wollen: Der Mensch rechnet zur Tugend nicht allein die gute Ausübung einer Anlage, eines Talents, wie Gott es bei seinem letzten Gericht zu tun verspricht, sondern er rechnet dieses Talent selbst noch mit hinzu. Nicht allein die gute Absicht Mozarts, Musik zu machen, findet auf Erden Anerkennung, sondern auch seine hervorragende Begabung. Ein einfacher Mann, der die Straße kehrt, wird sich diesbezüglich immer in einem gewissen Nachteil finden, sosehr er sich bemüht.

Wozu kann diese bergige irdische Landschaft dienen mit ihren Höhen von Reichtum, Schönheit, Genialität, Weisheit, Herrlichkeit, und ihren Niederungen im Häßlichen, Dummen, Hilflosen und Schmutzigen, wenn nachher bei Gott wieder alles eingeebnet und jedem Teil nichts weiter angerechnet wird als die Mühe, die er sich gab. Hat Gott diese weltliche Hierarchie nur zur Verblendung geschaffen, uns durch Sinnenreiz und Anstachelung des Ehrgeizes in die Sünde zu locken, auf daß er uns am letzten Tage besser richten könne? – Durchaus mag dies die notwendige schwarze Seite der Schöpfung bilden. Die heitere jedoch ist auch nicht zu vernachlässigen: In dem hierarchischen Aufbau der Welt findet jedes Wesen einen Platz, von dem aus es auf Höherliegendes wie Tieferliegendes ohne Ende blicken kann. Keiner, der nicht einen Besseren über sich, einen Schlechteren unter sich fände. Vom Höheren angezogen, vom Tieferen gestoßen, sind wir überall durchs Äußere angeregt, die guten Triebe unseres Herzens in einer angedeuteten Richtung mit Taten sichtbar zu machen. Hier auf Erden sind wir verpflichtet, das Niedere und Häßliche zu verachten, das Höhere anzustreben, während die höchsten und schönsten Exemplare jeglicher Gattung gleich Symbolen aller Größe, alles Erstrebenswerten gelten, als Leitbilder allen Tuns und Abbilder des Göttlichen. So kommt die irdische wie die himmlische Gerechtigkeit zuletzt zu ihrem Recht.

Über die Treue

> Things base and vile, holding no quantity,
> Love can transpose to form and dignity.

In Mozarts Oper Così fan tutte reizt der alte Don Alphonso seine beiden jungen Freunde, beide von teuerster Liebe erfüllt, die Verlobten, für deren Treue sie ihren Kopf einlösten, zu prüfen. Ein Herold ruft zum Schein die Jünglinge in den Krieg, alsbald jedoch kehren die beiden zurück und warten verkleidet den Mädchen auf, mit allen Künsten, mit Humor, mit Sehnsucht, mit Inbrunst, mit Verzweiflung, versuchtem Selbstmord und neuer Hoffnung, und alles mit vielem Charme und Kunst. Voll Entrüstung werden die neuen Freier abgewiesen, wieder und wieder, dann aus Mitleid angehört, dann aus Schalkerei; schließlich erweicht die eine, nach langer Gewissensqual die andere. Eine neue Hochzeit mit verkreuzten Paaren wird bereitet, dann eben noch das verkehrte Ende abgewendet durch die inszenierte Rückkehr der wahren Liebhaber. Diese sind verzweifelt ob der Untreue ihrer Bräute und flehen um Rat. Don Alphonso, welcher sein Vergnügen und seine Genugtuung in Fülle genoß, rät den beiden, zur Überraschung, sie sollten jetzt heiraten, wie sie's zuallererst im Sinne hatten.

Diese Geschichte hat bis heute hauptsächlich zwei Reaktionen im Publikum hervorgebracht: die sittliche, die sich abwandte von solch leichtsinniger Zügellosigkeit und das

Stück als Anstiftung zum ungehemmten Treuebruch empfand. Von jeher wurde das Stück deswegen angeklagt oder als seicht und moralisch leer ignoriert. Die andere, die unsittliche Reaktion, hat den Inhalt im wesentlichen nicht anders aufgefaßt, nämlich als Verharmlosung und Ermunterung unbeschwerter Libertinage. Sie fanden darin willkommene Rechtfertigung ihrer selbst, durch ein Genie, das mit höchster Freiheit und einem absoluten Naturrecht sich den engen Schranken des kleinen Bürgers enthebt, demonstrierend, wie der strenge Zeigefinger des Moralisten im Grunde gegen die Natur selbst gerichtet sei.

Beide Parteien vermögen den Rat Don Alphonsos, jetzt gerade zu heiraten, kaum sinnvoll einzuordnen. Den erstern muß als oberflächlich und nur dahingesagt, den zweiten als Widerspruch zur glücklichen Erkenntnis des Naturrechts gelten, was in Wahrheit die innere Größe und Weisheit unseres guten Mannes erst vollendet.

Der Leser wird leicht schon erraten, daß ich das Stück verteidigen und mehr darin finden will als diese ersten Konklusionen. Darum bekenne ich zunächst mein Bedenken, ob das Stück wirklich geeignet ist, in dieser Form dem Publico seinen tieferen Sinn zu offenbaren. Vielmehr scheinen mir genannte Reaktionen natürlich und notwendig, weil dem unvorbereiteten Zuhörer der bessere Gehalt nicht etwa verrätselt und subtil verschlüsselt vorliegt und er dabei eine geheime Aufforderung empfindet, ihn zu entdecken; nein, er wird von Anfang an geblendet von dem, was nur zu leicht seinem Verständnis eingeht, indem es bereits darinnen liegt und nur das vorbereitete Urteil, darwider oder dafür, aus sanftem Schlummer zu erwecken braucht. Das Gemüt glaubt seine Aufgabe erfüllt, das Hauptgeschehen ist erkannt, das Haupturteil gefällt, so ist die Sache abgetan. Die einen suchen ihren Trost in der Musik, die anderen finden ihren Leichtsinn einmal mehr bestätigt. So ist es kein Wunder, wenn die Sache hier erliegt wie Don Alphonso dem Anschein, er sei ein irdischer Mephisto – ein böser Scharlatan also den einen, ein herzerfreuender Schalk den andern.

Dies scheint mir die notwendige natürliche Auffassung des Stücks – und nun die wünschenswerte (der, wie ich hoffe, auch ein wenig Notwendigkeit und Natürlichkeit abzugewinnen sein mag): Giullielmo und Fernando sind von unbedingter unschuldigster Liebe bis ins Mark ergriffen; kein stärkeres Gefühl, keine Treulosigkeit, kein anderer Gegenstand, der ihre Liebe jemals zu solcher Glut wird entzünden können, ist ihrer Phantasie noch eingänglich. Es ist der Zustand, welcher jedem für seine große Liebe zu wünschen ist, die, wenn überhaupt, sich nur einmal in ein Menschenleben findet, um von nun an für alle Zeit den ersten Platz darin auszufüllen und eifersüchtig, mag sie auch selbst längst erloschen sein, ihr Bild bewahrt und keiner anderen den Zutritt mehr in diese heilige Kammer gewährt.

Don Alphonso schätzte dies wohl auch, doch als das Heiraten kam, hielt er die Zeit gekommen, den Jünglingen ihren Sinnen- und Seelentaumel zu ersetzen durch ein wohlgegründeteres Bild der Liebe und der Treue. Nicht ein Ideal wollte er zerstören, nur Illusionen zerschlagen, damit ihr tieferer Grund frei werde, sich zum Ideal zu erheben. Der Jüngling war überzeugt, es müsse gerade und unersetzbar dieser Körper und das ihm innewohnende Gemüt Gegenstand und einziger Inhalt seiner Liebe sein. In seiner Ergriffenheit war es ihm unmöglich, anders zu empfinden, und doch hätte er später, nachdem der erste Sturm der Leidenschaft zurückgesunken, bemerkt, vielleicht in großer Enttäuschung, daß sein Gefühl zwar echt, der Gegenstand jedoch nur eine Maske war. Diese Maske war aber keineswegs hohl und in betrügerischer Absicht vor ihn getreten: Vielmehr mußte sich der wahre Gegenstand der Liebe ihrer bedienen, um zuallererst die Aufmerksamkeit und schließlich die Liebe des Jünglings zu erwecken – weil dieser wahre Gegenstand sich alleine offensichtlich zu unscheinbar in solcher Absicht fand.

Das herzlichste, ungebändigte Verliebtsein gibt uns das einzige treue, unumschränkte, ungetrübte und unmittelbare Abbild von Gottes Herrlichkeit, Allgegenwart, endloser Güte und Vollkommenheit – mit einem Wort: gibt uns den Begriff von Glück. Nur in dieser kurzen Zeit ist unsere Liebe rein und allumfassend, schließt die Gestirne, Wald und Seen, schließt Schmerzen, Feind und Krankheit ein, weil diese im taumelnden Rausch der Seligkeit, den Amor uns mit seinem Elixier bereitet, mitschwingen und sich der großen Harmonie zu fügen haben. Gemüt und Geist treten mit der Welt in ein Verhältnis solch vollkommener Ordnung, daß dies den übrigen Menschen, welche auf bescheidenerem Niveau sich eingewöhnt, als unnatürlich und ein solcher Geist ihnen verwirrt erscheint. Nichtsdestoweniger sind in Wahrheit sie verwirrt und halten ihre Stumpfheit für natürlich, wo sie doch nur gewöhnlich ist. Da mögen männliche, gesottene Philosophen lange mürrisch brummeln, es sei Askese nur, Meditation, die klare Logik, Steigerung und mühsamste Erweiterung des strengen reinen Geistes bis zum obersten Begriff, was letztlich uns zu Gott, zum Absoluten führen könne. Sie müssen diesen Weg wohl gehen. Vielleicht hat das Leben ihnen jenen höchsten Einblick vorenthalten, gegen den ihre Übungen wie Bruchstücke von Schattenbildern flimmern. Dieu a voulu que les verites divines entrent du cœur dans l'esprit, et non pas de l'esprit dans le cœur, sagt Pascal. Vielleicht sind solche Übungen der beste Trost im Alter und der bestmögliche Ersatz, den ein ungelenk gewordenes Herz sich schaffen kann, wenn es ihm nicht mehr gelingt, der Erinnerung an das Glück ein wenig Leben einzuhauchen. Künstlern, Musikanten, Dichtern geht es letztlich ebenso, und uns, die wir in wirkender Tätigkeit, in Anerkennung und Ruhm, in freudiger Menschen- und Naturliebe und in Genüssen mühsam einen Behelf uns suchen. Dem Liebenden kommt all dies ganz von selbst entgegen, in einem Überfluß, den die geschäftigste Seele nicht mit beiden Händen in sich schöpfen kann, und doch so, daß das Geschöpfte alles in sich trägt, am Überfließenden nichts verlorengeht.

Um des Jünglings Herz in diesen gottbeseelten Zustand zu versetzen, trat ein Mädchen vor und zog die sämtliche Aufmerksamkeit seiner Sinne und seines Geistes auf das bezaubernde Bild ihrer Erscheinung, um sie dann im Lichtpunkt ihrer Person unendlich zu konzentrieren. Doch als die auferblühte Empfänglichkeit des Jünglings in diesen Brennpunkt gebündelt wurde, klärte sie sich erstmals völlig: Denn ohne davon recht zu wissen, drang sie durch den Punkt, sich dahinter zu weiten und zu weiten bis in alle Unendlichkeit, sich zu hellen und zu hellen bis in alles Licht. Das erfüllte Bewußtsein glaubte, immer noch die wunderbare Geliebte zu sehen, und sah doch unabschätzbar mehr, sah alle Herrlichkeit in Gottes Schöpfung.

Da ich mich bereits verleiten ließ, an Bilder aus der optischen Lehre anzulehnen, will ich vollends die Kühnheit wagen, diesen Vergleich zu Ende zu führen, der, wie mir scheint, wenigstens so deutlich, umfassend und deshalb nicht ohne Schönheit dieses Verhältnis darstellt, als es dem in dieser Lehre Ungeübten leider schwer sein wird, dem Gedanken zu folgen, um dem Urteil und Genuß sich anzuschließen. Er mag geduldig auf das Ende hoffen. Dem teilnehmenden Leser sei geraten, die Konstellationen in der beigefügten Skizze zu verfolgen, um einen Überblick zu finden. Für diese Unbequemlichkeit ist durchaus auf Lohn zu hoffen.

Wenn wir uns recht betrachten, sind wir doch ein armes Völklein. Wir tappen durch die Welt, versuchen, alles in uns aufzunehmen, die Menschen, uns selbst, das Leben kennenzulernen, und hoffen immer, einmal so weit zu gelangen, daß alles zusammen ein in sich gefügtes, überall zusammenstimmendes und obendrein schönes Bildnis ergibt. Welch kärgliches Werkzeug hat uns die Natur dazu auf den Weg gegeben. Wir sehen nur, was vor unsrer Nase steht, selbst durch Wenden des Kopfes nicht mehr, als in unserer Sichtweite, unfähig, um die Ecke zu schauen, in die Gegenstände hineinzublicken, hören kaum, was uns umgibt, und geraten davon schon in Verwirrung, ertasten nur das Allernächste und schmecken weniger als jeder Hund. Und doch sind dies die ersten, die kleinsten Hindernisse nur. Denn nicht einmal das wenige, das in uns eingeht, sind wir in der Lage zu behalten, zu ordnen und zu einem dauerhaften, verständlichen Bildnis zusammenzufügen. Wie kennen wir denn unseren Nächsten? Seine Arbeit, ein paar Launen, ein paar Stärken und Schwächen sind alles, was wir wissen, eben genug für ein Vorurteil, das jede Stunde in Gefahr ist, vom Grunde umgestoßen zu werden. Das γνωθι σεαυτον: Erkenne dich selbst, gelingt uns nicht besser. Man kann diesen Zustand leicht der Imagination vergegenwärtigen, indem man ein starkes Fernrohr vors Auge setzt und damit versucht, von einem bisher nicht gesehenen Zimmer einen Begriff zu fassen. Man betrachtet einen Stuhl voller Interesse, streift weiter, gelangt zum Tisch, und ehe man noch recht begonnen, diesen zu examinieren, ist der Stuhl wieder vergessen, und wie weit er nun vom Tisch entfernt, davon mangelt gar jeglicher Begriff. Allein wir sind bescheiden geworden und haben uns, zum Glück vielleicht, mit der Beschränkung abgefunden.

Das Fernrohr und uns dahinter denke man sich jetzt folgendermaßen verallgemeinert: Es sei ein konvexes, also sammelndes Glas. So ist bekannt, daß alle Strahlen des Lichts, die von einer Seite senkrecht auf die Ebene des Glases treffen, sich auf der anderen im Brennpunkt vereinigen, um dann wieder auf ihrer jeweils geraden Bahn ins Unendliche zu diffundieren. Umgekehrt begegnen in diesem einen Brennpunkt nur Strahlen, welche in der beschriebenen Weise auf die eine Seite des Glases treffen, sich also dort sämtlich in einem Zylinder befinden vom Durchmesser des Glases und beliebiger Länge. Denn so ist das Glas geschliffen und der Brennpunkt definiert. Denke man sich nun das Glas als Sinnes- und Erkenntnisorgan, als Körper und Erscheinung, kurz als die physische Organisation des Menschen. Ferner denke man sich den Brennpunkt des Glases als Sitz seiner Erkenntnis, seines Geistes, seiner inneren Persönlichkeit, und ferner, daß diese Erkenntnis für alles Licht diesseits des Glases vollkommen unempfindlich, für solches jedoch, welches durch das Glas, durch die physische Organisation, zu ihm gelangt, vollkommen empfänglich sei. Es wird deutlich, wie ein solchermaßen konstituiertes Wesen nur wahrzunehmen fähig ist, was in diesen Zylinder, gleichviel in welcher Entfernung, eintritt – nicht anders als wir, wenn wir mit einem Fernrohr vor der Nase durch die Welt spazierten. Daraus folgend kann von größeren Gegenständen, deren Projektion nicht in die Kreisfläche des Zylinders paßt, zu einem Zeitpunkt nur ein Ausschnitt wahrgenommen, der ganze Gegenstand also nur sukzessive, das heißt nicht als Ganzes und im Überblick erfaßt werden. Wie diesem Wesen mangelt, größere Dinge zu erfassen, und ihm eine Aufnahme des unendlich Großen gar völlig abgeht, ist hier leicht einzusehen. Es läßt den zylindrischen Kegel seines Erkenntnisvermögens in der Welt umherschweifen, doch je größer das betrachtete Objekt, desto mehr ist das schwache Gedächtnis überfordert, welches die bereits gesehenen Bilder bewahren muß, um sie mit den gegenwärtigen und den kommenden zu verknüpfen. So wird das Ganze nicht gelingen. In dieser trüben Lage soll sich nun eines Tages ein gleich veranlagtes Wesen finden und sich dem vorigen exakt entgegenstellen, so daß die beiden gedachten Zylinder zur vollständigen Deckung gelangen. Das Glas oder, wie wir sagten, die physische Organisation des einen ist nun das einzige Objekt für die Wahrnehmung des anderen, und umgekehrt dasselbe. Die Wahrnehmung macht jedoch nicht an der Oberfläche des Glases halt, sie dringt hindurch und bündelt sich im Brennpunkt seines Gegenübers zur höchsten Konzentration. Unvermerkt, obwohl sie glaubt, in dieser unendlichen Verdichtung ihr Ziel bereits erreicht zu haben, dringt sie weiter, nun in der Form eines geöffneten Kegels, in welchem jedes Objekt, gleichviel welcher Größe, Raum finden kann, wenn nur die Distanz genügend gewählt wird. Das Wesen, welches sich solchermaßen auf ein anderes bezogen findet, glaubt, allein durch die äußere Erscheinung verzaubert, vielleicht noch durch das innerste Verschmelzen mit dem Kern dieses anderen Wesens entrückt zu sein, und ist doch in Wahrheit das eine so wenig wie das andere. Vielmehr blickt es, durch beide hindurch, in das hellste Licht, in die unendliche Größe von Gottes Herrlichkeit, weil sein Gesichtskreis nun vom beschränkten zylindrischen Rohr zum Kegel sich geöffnet. Dazu bedarf es des andern Wesens jedoch nur als Medium, nicht als Endzweck.

Mit etwas freier Phantasie werden wir leicht diese konstruierten Verhältnisse bei unseren Liebenden bestätigt und verwirklicht finden. Wie anders sollte sonst möglich sein, daß sie in dieser Zeit der innigsten Liebe nicht allein das andere Wesen, sondern die ganze Welt vollkommen und rein und strahlend finden. Wäre das geliebte Mädchen nur der Gegenstand unseres Glücks, wie müßte uns die

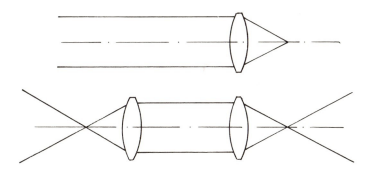

blühende Wiese zu ihren Füßen mit den vielen garstigen Unkräutern und ein platzender Regen mit seinem Ungemach nur um so mehr verdrießen neben der Schönheit und Vollkommenheit unsrer Auserwählten. Aber alles, was uns sonst Kummer und Ärger bereitet, nimmt nun unser Glück noch recht auf seine Schwingen und trägt es hoch zum Elysium.

Weil aber das leichte Bewußtsein des Jünglings das schöne Antlitz der Geliebten für die einzige Ursache seines glücklichen Zustandes ansieht, welches doch in Wahrheit nur als Maske der wirklichen Ursache auftritt, und weil er so leicht sich in Wahl der Person getäuscht finden könnte, wenn sein verzückter Zustand abklingt, die Person, welche dessen Ursache sein sollte, aber doch dieselbe bleibt, deswegen hält es Don Alphonso, welcher diese Zusammenhänge im Dunkel errät, für angemessen, diesen Zustand der heiligen Gesundheit gewaltsam zu beenden, noch bevor die letzte Entscheidung zur Heirat gefallen ist. Nichts ist als Grund für eine Ehe schädlicher als dieser wunderbare Zustand. Denn dieser vergeht, und zurück bleibt ein Mensch, dessen sich dieses Wunder vorübergehend als Maske bedient hat. An der Seite unseres Gegenübers, eines Menschen, müssen wir in der Ehe das Leben durchschreiten, nicht in einem solch wunderbaren Zustand. Treue gründet auf Vernunft, Liebe auf Intuition. Einst waren die Ehen Vernunftehen oder gar dem bloßen Kalkül entsprungen. Wenn sie nicht geschieden wurden, mag dies auf anderen Rechtsgebräuchen und strengeren Sitten beruht haben, diese jedoch wiederum auf Vernunft. Daß sie aber nicht unglücklicher verliefen als die unsrigen, ist gewiß, denn dies wäre kaum möglich. Sobald heute die Liebe ihren Akt beendet, bleibt die Bühne trostlos zurück, als hätten die Schauspieler mit einem Male ihren Text vergessen. Sie haben ihn aber nicht vergessen, sondern gar nicht gelernt.

Um die göttliche Maskerade zu enthüllen, welche zweckmäßig im Stück auch in die Zeit des venezianischen Karnevals gesetzt ist, und so den Grund einer dauerhaften Verbindung zu legen, fällt Don Alphonso auf kein besseres Mittel, als den Jünglingen zu zeigen, wie schnell ihre treuen Mädchen sich woandershin verlieben können, wenn sie sich dem unsicheren Treiben des offenen gesellschaftlichen Lebens ausgesetzt und nicht im Hafen der Ehe wenigstens einigen Schutz und Ruhe vor den Verlokkungen finden. Welche Liebe der Mädchen nun diese vollkommene und wahre gewesen, ob überhaupt eine von beiden und nicht vielleicht eine viel frühere oder viel spätere, ist dahingestellt und vor allem bedeutungslos. Denn nicht, bei wem wir diese finden, ist entscheidend, nur, daß wir ihr überhaupt einmal und unvergessen im Leben begegnen.